U0129353

兩端而一致

——王船山義理視域下經典詮釋論探

李瑋皓 著

文史哲學集成
文史哲出版社印行

國家圖書館出版品預行編目資料

兩端而一致：王船山義理視域下經典詮釋論探
／李瑋皓著. -- 初版. -- 臺北市：文史哲
出版社, 民 111.10
　　頁；　公分. --（文史哲學集成；746）
ISBN 978-986-314-621-6（平裝）

1.CST：(清)王夫之　2. CST：學術思想
3.CST：哲學

127.15　　　　　　　　　　　　111017566

文史哲學集成　　746

兩 端 而 一 致
—— 王船山義理視域下經典詮釋論探

著　　　者：李　　　瑋　　　皓
出 版 者：文　史　哲　出　版　社
http://www.lapen.com.tw
e-mail：lapen@ms74.hinet.net
登記證字號：行政院新聞局版臺業字五三三七號
發 行 人：彭　　　正　　　雄
發 行 所：文　史　哲　出　版　社
印 刷 者：文　史　哲　出　版　社
臺北市羅斯福路一段七十二巷四號
郵政劃撥帳號：一六一八○一七五
電話886-2-23511028・傳真886-2-23965656

定價新臺幣三〇〇元

二〇二二年（民一一一）十月初版

謹以此書獻給我的妻子與女兒

感謝妳們潤澤我的生命

自　序

　　您的帳戶餘額：新臺幣73元。看著提款機螢幕的我，正準備將戶頭最後僅剩的新臺幣兩萬元換為人民幣，我要離開我的家鄉，飛往一個陌生的城市展開新的生活。那是2019年的10月，一個微悶熱典型臺北的秋天。

　　2018年1月自輔仁大學中國文學所博士班畢業後的我，其實感覺不到任何開心或喜悅之情，因為我知道我將要面臨人生中可說是最巨大無比的挑戰──找大專院校專任的教職工作。一般普羅大眾對於博士的想像，可能還是停留在擁有高學歷找工作不困難的刻板印象中。然而真實狀況是，台灣地區的大學由於「少子化」現象，所以基本上面對到有專任老師屆齡65歲退休產生缺額時，各大學校寧願「遇缺不補」；或是擬以「專案教師」的形式[1]來聘用。而我所學習的專業

1　「專任」教師與「專案」教師的區別在於，「不僅面臨不合理薪資待遇，而且工作份量還更加重，有些私立大學甚至要求他們要擔負一般專任教師兩倍的教學時數，而薪資卻只有一半。更糟糕的是，這些約聘的專案教師，完全沒有工作權的保障，聘約到期是否續聘端看學校的恩典，如同免洗筷一樣隨時可能用完即丟。在教育部缺乏法律約束的情況下，各大學為節省人事成本而競相以這種契約聘約的非典型僱用方式，召募年輕的流浪博士到大學任教，而這些流浪博士在取得博士學位且流浪多年找不到正式教職之後，只得被迫接下這份不平等的教職工作（更可悲的是，他們一想到大學校園外仍有更多找不到教職的流浪博士時，不僅不敢對外揭露此不公的剝削現象，甚至還會抱著感恩的心態，份外珍惜這份得來不易的專案教職）。」詳細可參閱謝

——中國哲學——在近年受意識型態影響下的臺灣學界而言，是個必須「打倒」的存在。因此我知道如果我能找到一個學校任教，哪怕只是通識中心的缺額，過程都會困難重重。

事實上，在我博士班未畢業之前，我便已四處投履歷給臺灣地區的各個大學，希望能有兼課的機會。我已記不得當時投出了多少履歷，唯一記得的是當時得到的回應只有一個「謝謝，但我們不缺。」其中印象比較深刻的是，2019年當時某間位於臺北頂尖的國立大學中文系開了缺，我花了一千多元準備好一整箱又重又厚的資料，雖然當時心裡覺得順利應徵上的希望不大，但至少可以進入面試的關卡。結果某天收到了包裹，發現他們根本沒有拆開過。

也許正在閱讀的你會想問我：「為什麼一定要找教職不可呢？難道其他工作看不上眼嗎？」但對於我而言，這是我真心喜歡，且我也樂在其中的工作，這是我的志業，是我這輩子來到這世界的目的之一，我不想放棄也不願放棄。面對到這樣的窘境，我知道如果我想突破，我一定要把目光望向海外的世界。

2016年1月，當時我還在就讀博士班，有幸參與到劉芝慶學長與張惟捷學長在臺北一間咖啡館舉辦赴陸的高校工作的心得分享，對當時的我來說受益頗多。於是我在心中默默準備一個備案，不過在當時只希望那能永遠只是個備案。畢竟對當時的我來說，我的想法其實很單純，我想畢了業後回去我的母校華梵大學教書，我愛那裡的寧靜，那裡的純樸，只

青龍，〈謝青龍觀點：從「專案教師」亂象再談高教困境〉，《風傳媒》，2020 年 12 月，https://www.storm.mg/article/3344106?mode=whole

可惜人算不如天算。直至今日，我仍十分感激那時候能遇到華梵中文的老師們，他們奠定了我對於一個老師的理解。另一方面，當時的我還天真的認為「中華文化」的世界中心仍在臺灣，儘管臺面上的政客再怎麼紛紛擾擾，總要有人去做那些保存傳統中華文化的事業。

在確定了自己大概率在臺灣找不到教職後，我便開始努力找尋赴陸教書的工作機會。當然，在這個過程中也少不了面臨到不少挫折。挫折一是臺灣與大陸地區的學術期刊收錄評比不同，簡單講就是即便我當時（2018）在臺灣已在各大刊物發表不少且不錯的學術成果，然而在大陸地區，許多大學是不承認的。因此我在大陸的大學眼中可說是毫無競爭力可言。另一方面，臺灣與大陸的論文寫作模式有所差異，因此要適應大陸的論文寫作模式需要時間與心力練習。因此我給自己一年的時間準備，除了一邊投履歷給大陸的各個大學之外，我也馬不停蹄的練習如何以大陸的論文寫作模式寫一篇他們認同的論文。

當然，在這期間，我仍有教學的任務需要執行，畢竟在這準備的過程中，錢並不會從天上掉下來，而我也需要想辦法養活我與我的家人。在此我很感謝康寧大學與輔仁大學願意給予我兼課的機會。特別是輔仁大學[2]，至少在省吃儉用下，我尚能有一個可以延續我學術生命的場所，我已萬分感激，而看到學生們的成長始終都是令我感到快樂的泉源。

---

2 一般大學講師的鐘點費為新臺幣 575 元，且不包含寒暑假，亦即一年僅實領 9 個月的薪水——這樣的薪資水平已經長達近 30 年都沒有調整過。而輔仁大學從創校以來的鐘點費一直以來都是高於其他學校。

　　挫折二是雖然投大陸高校的履歷不用準備一箱又一箱笨重的紙本資料，但需要因應每個學校填寫各式各樣五花八門的表格。常常投了2、3家學校後，一上午的時間就沒有了。且因為投履歷大多都是通過電子郵件往來，有些時候你也不清楚對方是否有收到，無形之中也造成了我不小的心理壓力。

　　現在回想起來，當時投遞出去給大陸地區各大學校的履歷郵件應該有超過上百封，而回應我的僅不到5間學校。因此我只能在寄出履歷後，一通一通的打電話給各大學人事部，拜託他們可以幫忙將我的履歷轉交給該院的領導。

　　挫折三是我的「身份」問題。當時曾有幾個機會，面試也都順利通過，但是上報到人事單位時，卻因為「沒有聘任過臺灣人，因此不知道怎麼聘」為由被硬生生的擋了下來，甚至也有親耳聽過「最近香港亂成那樣，我們不想聘一個臺灣人造成我們一些不必要的政治問題。」[3]說實話，當時的我真的非常心力交瘁，心情沮喪到不行，但也只能強打精神，繼續努力投履歷並努力寫論文與教書，並期待總有一天會有伯樂的出現。

　　附帶一提，當時飛去各大學校面試，機票錢大多只能自己吸收，因此往往兩天一夜的行程面試一間學校的費用，大概就是一個普通上班族的月薪。那段時間蠻常上演剛下飛機後便馬不停蹄地拖著行李箱趕去輔大上課的光景。我也常自嘲，我可能比許多大陸人一輩子去過的城市還多很多。

　　這樣的生活持續了一年多，直到2019年7月初我剛從武漢

3 2019年當時香港正經歷「反修例」的暴動事件。

天河國際機場回來的隔天，一切似乎有了改變，我收到了山東大學儒學高等研究院的面試邀請。說實話不訝異是騙人的，因為我當時已經不記得自己是什麼時候投的履歷，也對於一間歷史悠久的名校願意給我這個機會去面試而感到惶恐不安。但我也知道，這恐怕是我最後的機會，我只能做足準備，奮力一搏。然而也是在此同時，我有一篇文章通過大陸高校的期刊審查並於該年10月要刊出，雖在大陸的期刊分級當中，它不算是頂級刊物，但至少我自認問心無愧的一篇論文。且在11月亦有一篇文章通過審查準備刊登在A&HCI的期刊上，我的博士學位論文也於當時確定要在2020年1月出版，種種的努力逐漸地開花結果。我用了一年多的時間證明自己至少在發表學術論文上，我能夠站在擂台上並與他人一戰。

時間回到2019的秋天，當時的我因為時常需要飛來飛去面試，我的存款已消耗殆盡，因此你如果問我會不會感到害怕，答案絕對是肯定的。我唯一僅存支撐我的信念，是對學術的熱情與堅持以及對家人的愛與責任。

如今，2022年的今日，山大儒學院已然成為我調養生息[4]，安身立命的場所，對此我衷心感激山大儒學院這三年所給予我的一切。自博士班畢業這四年多來，彷彿是一場冒險般，起起伏伏，所幸旅程的最後，我有一個好的歸宿。而本書的完成，也算是進入山東大學走這三年合約以來，自己給學校、亦給自己的一個交待。

我之所以展開對於船山學的研究，一方面是因為我在剛進入輔大中文所就讀博士一年級架構我的博論時，便已發現

---

4 2020 年春季當時的我因為長期在睡覺時感到胃痛難受，就醫後被診斷出罹患「胃潰瘍」，所幸在吃藥調理下，目前已康復。

如果僅談由陽明良知教所建立的儒家義理輔導學有其缺陷之處。另一方面，我的恩師曾昭旭先生是當代研究船山學之大家，恩師的門生們各自有承接著老師的部份學問，然而承接船山學的門生卻屈指可數。因此我想要為老師做點什麼。於是我開始建構以船山學為基礎所的儒家義理輔導學。

　　老實說，畢竟我是由陽明學作為我的學術起點，因此在看船山的著作時，難免都會生起「陽明才不是那個意思，你根本誤解了」的念頭。但我始終秉持著唐君毅先生所說「一切虔誠，終當相遇」的精神去理解船山的視域。在經過數年苦讀後，不得不說，船山兩端一致的思維方式對於我的學術思辨能力影響非常大，我許多文章的問題意識皆是藉由兩端一致的思辨下所產生的。因此可以說船山學以內化為我生命的一部分，在生活上，我實踐的是陽明的儒學；而在學術上，我實踐的是船山的儒學。也因此這本書是我目前這個階段對於船山學的理解，也許將來對於船山學有更多不同想法時，能再與各方專家學者進一步討論。

　　本書是山東大學基本科研業務費專項資金資助〈王船山義理視域下的儒道經典詮釋論探：以《四書》、《老》、《莊》為核心開展〉（12310072064038）的結項成果，於此銘謝。

　　在此，我要感謝那些在這趟充滿挑戰的旅程中，出現在我生命中的貴人。感謝山大儒學院的紀紅老師，如果沒有她在茫茫履歷海中將我拉出，就沒有開展之後這些美好際遇的機會；感謝為我寫推薦信的輔仁大學中文系許朝陽老師；輔仁大學中文系趙中偉老師；華梵大學中文系許宗興老師；慈濟大學宗教與人文研究所所長暨人文社會學院院長林安梧老

師；復旦大學哲學學院吳震老師；復旦大學歷史學系鄧志峰老師；感謝山大儒學院的張揚老師，由於疫情的關係我無法返校，張老師協助了我許多科研以及經費報帳的相關事宜，以及鼓勵我再接再厲，努力爭取國社科與教育部的項目。感謝陳晨捷老師在我開不成課的時候，讓了他的課讓我能有課可以上；感謝李琳老師邀請我成為《國際儒學發展報告》臺灣地區觀察員；感謝翟奎鳳老師邀請我加入他的導師團隊。感謝我的好友郭士綸學姐總是給予我非常多的幫助。

這次也要感謝文史哲出版社協助我校對，出書，這是我在文史哲出版社出版的第二本書，彭小姐對於書本品質的堅持，一直都令我感到敬佩萬分。

我還要特別感謝路德斌老師與師母，我在濟南期間，受到老師與師母非常非常多的照顧，此生難報，願有來生再湧泉相報；我還要感謝我的恩師曾昭旭老師，老師的風骨永遠都是我的典範；感謝我的父母對我的養育之恩。

最後，我要特別感謝我的妻子，謝謝她這麼多年來無怨無悔的付出和對我的愛，很感謝她從來沒有跟我抱怨過我的工作與我的收入，有的只是默默的一直在背後鼓勵我告訴我「沒關係，你一定能實現你的夢想」。我也要感謝我的女兒，這本書在寫作期間有絕大部分是她揹在我背上或趴在我胸前才得以完成的，妳是我的大確幸。妳們是我拼搏的動力，能夠看見妳們的笑容就是我人生中最大的幸福。

最後的最後，我要感謝我自己，這些年來面對到那些令人感到挫折、令人感到氣餒的事情你都不曾抱怨也未曾有過放棄的念頭。因為你知道，如果還有心力可以抱怨，那麼一

定也還有心力可以把該做的與能做的事情做到更好。感謝你
始終抱持著對於學術的堅持、對於學術的熱情。那些因為找
教職的壓力而輾轉難眠的夜晚，站在現在往回頭看，一切的
努力與焦慮都是值得的。這本書的出版，代表一個階段的結
束，亦代表另一個正要開始的新的學術旅程。希望你一直都
能堅持住你所堅持的信念，能莫忘初衷，珍惜身邊你所已擁
有的人事物，並永遠記得：信我良知，無所畏懼。

李瑋皓　謹識於汐止自宅

兩端而一致

王船山義理視域下經典詮釋論探

目　　次

本書各章出處

第二章〈論王船山詮釋視域下《周易》的「氣」觀〉，原名為〈乾坤並建，《周易》綱宗——王船山「即氣言易」探究〉，出自：2018年 6月，《人文社會科學研究》，屏東：國立屏東科技大學人文暨社會科學院，第12卷第2期。（TSSCI）

第三章〈論王船山詮釋視域下《大學》的「內聖」、「外王」觀〉，出自：2021年 10月，《湘學研究》，湘潭：湘潭大學出版社，第17輯。

第四章〈論王船山詮釋視域下《中庸》的「君子」觀〉，出自：2021年 11月，《孔子學刊》，曲阜：孔子研究院，第12輯。

第五章〈論王船山詮釋視域下《論語》的「聖人」觀〉，原名為〈論王船山義理視域下《論語》的聖人觀〉，出自：2021年 3月，《明蕤寶光——明代文獻學學術論文集》，臺北：國立臺灣師範大學出版中心。

第六章〈論王船山詮釋視域下《孟子》的「情」、「才」觀〉，原名為〈論王船山《孟子》學的「情」、「才」觀〉，出自：2021年 11月，《船山學刊》，長沙：湖南省社會科學界聯合會，第6期。

第七章〈論王船山詮釋視域下《老子》的「生機」觀〉，原名為〈明清之際王船山的《老》學義理論析〉，出自：2022年 6月，《宗教哲學》，新北：中華民國宗教哲學研究社，第100期。

第八章〈論王船山詮釋視域下《莊子》的「生死」觀〉，原名為〈明清之際王船山《莊》學詮釋與定位論析——以儒家生死觀為核心開展〉，出自：2022年 1月，《哲學與文化》，臺北：天主教輔仁大學哲學系，第1期。（A&HCI）

第一章　導　論

第一節　前　言

　　宋儒經典詮釋的特色，大致可以分為兩項：「一是疑經改經的風氣，一是說經義理化的傾向。前者反映了宋人對前代經學的檢討批判，屬於破壞性；後者則是宋代新經學的特質，屬於建設性。」[1]，而明儒們所編纂的《四書五經大權》則「屬朱子學的著作，……在朱學的籠罩下，編纂大全。」[2]直至明清鼎革之際，「晚明諸儒起來，激於王學流弊，又受時代刺激，頗想由宋明重返到先秦。他們的思想，顯然從個人轉向於社會大羣，由心性研討轉嚮到政治經濟各問題。由虛轉實，由靜返動。由個人修養轉入羣道建立，這是晚明儒思想上一大轉變。……惜乎晚明局面，靡爛腐敗，不可挽回。經歷滿洲入關之大變動，學術思想上更受急劇之刺激，更有急劇之轉向。一大批晚明遺老，他們成學著書，都已在清代，他們的精神意氣，實在想為此後中國學術思想界另闢一新天地。而清代的高壓政權，已使這些思想嫩芽，不能舒展長成，而

1　葉國良，夏長樸，李隆獻，《經學通論》（臺北：大安出版社，2009），頁 555。
2　葉國良，夏長樸，李隆獻，《經學通論》，頁 583。

全歸夭折了。此後遂完全走入古經籍之考據訓詁中作逃避現實之畸形發展，這是最可惋惜的。」[3]當時親身經歷亡國之痛的明遺民痛定思痛，加以反省宋明理學高談性命的學術風氣而亟思矯正。同樣身為明遺民的劉蕺山便指出：

> 嗣後辨說日繁，支離轉甚，浸流而為詞章訓詁，於是陽明子起而救之以「良知」。一時喚醒沉迷，如長夜之旦，則吾道之又一覺也。今天下爭言良知矣，及其弊也，猖狂者參之以情識，而一是皆良；超潔者蕩之以玄虛，而夷良於賊，亦用知者之過也。[4]

陽明後學束書不觀、游談無根之形而上學所導致亡國之弊病[5]，乃是身為明遺民的士人們所深惡痛絕的「共相」。職是此故，我們可以說「反宋明儒學者既尖銳地批評宋明儒天道性命之說無益世道，則很自然會將形上本體之說與經世致用之說放在完全對立的位置；認為只有把眼光從前者的虛學移至後者的實學才能用世濟民。就算是救正宋明儒學者在強調

---

3 錢穆，《中國思想史》（臺北：臺灣學生書局，1983），頁244-245。
4 清・劉蕺山，《劉宗周全集》第二冊（杭州：浙江古籍出版社，2007），頁278。
5 誠然若我們將明朝亡國之原因歸咎在陽明後學是否公允？「將明朝亡國的原因，簡單地歸入『王學』流弊的影響，會將複雜的政治社會經濟的總體面抹煞，代以『心性』問題即是一個國家存亡的依據。這些主張會產生政治學上『人為構成說』的傾向，而成為一種設計論的主張。認為政治制度是由少數秀異份子的心靈所構設，因此『心性』問題成為一個政治制度或社會秩序的原動力。其結果將導致『化約論』的可能，而於歷史的複雜面予以忽略。」林啟屏，《儒家思想中的具體性思維》（臺北：臺灣學生書局，2004），頁141。

經世的同時亦往往不自覺地把形上世界往下拉落，偏重發揮形上不離形下之義，而形上之超越義遂漸漸滑落終至隱沒不彰矣。順著這樣的趨勢發展下去，經世的觀念遂最終與形上本體的觀念徹底分離而轉與達情遂欲的新典範相結合。」[6]而在這些明遺民中，又尤屬王夫之（1619-1692，字而農，號薑齋，晚年因隱居於石船山麓，世遂稱船山先生）對於宋明儒對於著重心性問題所進行的經典詮釋而有所批判與反省，進而總結宋明理學並重建而能自成一家的哲學體系。

第二節　研究動機與目的

首先我們要問一個問題：「為什麼歷史上的儒者都想要為經典注疏？」景海峰先生曾提出解釋而言：「一部儒家發展史，在一定意義上可以說是對經典不斷進行詮釋的歷史。……儒家典籍可謂汗牛充棟，但翻來揀去，絕大多數是注解之作，稍能脫開經典而較具有獨立文本意義的，卻百不及一。即使是能開一代風氣的儒宗巨匠，他們的著作也大多是圍繞著經典的解釋而展開的。所以說，儒學史即經典詮釋史，儒家的學問在很大程度上便是詮釋的學問。」[7]析言之，儒家義理的發展與經典應該如何詮釋是有著相當深層的關聯。

---

6 鄭宗義，《明清儒學轉型探析：從劉蕺山到戴東原》（香港：香港中文大學，2000），頁 176。
7 景海峰，〈儒家詮釋學的三個時代〉，載於李明輝編，《儒家經典詮釋方法》（臺北：國立臺灣大學出版中心，2004 年），頁 115。

　　而我們可以將宋明儒對於經典詮釋大抵可以分為兩個不同之途徑：其一，求索經典文本的本義，我們可以依朱熹的《四書章句集注》之詮釋方式為代表；其二，探求聖人作經的本意，我們可以以王陽明在《傳習錄》中與師生交談之語錄體以及為授課門生所作之〈大學問〉，作為詮釋《四書》之途徑為代表。而宋明儒對於「經典詮釋」之論題，近年已頗為學者注意。「雖然他們以經學名家，但他們講經的方式又與漢唐人截然不同，他們不是以章句的方式解經，而是直接要求『得古人之心』，並以體與用，道與文，心與言雙重視角的統一進入經學」[8]換言之，宋明儒對於「經典詮釋」之活動，其旨趣並非是在訓詁字義，而是站在自身義理視域進而「創造詮釋」經典，隨意裁剪而能取其所用，終而融入他自己的義理體系。是以宋明儒者們之目的皆在於通過詮釋經典，以回歸先秦孔孟之精神。

　　職是此故，我們可以說「儒學倚重經典傳世，注經傳統因此成為儒學特有的現象，同時構成中國特有的藉由儒家經典呈現的思想史脈絡。後儒釋經雖未必盡合經典原意；但是各代儒者面臨的最迫切、最亟待解決『時代課題』，……因此各代儒者往往藉著注經之『意義賦予』，一方面傳承聖學，另方面也實現淑世理想；注疏經典連繫了傳統社會中儒學與此世的關係，也反映出當代的思想言為。」[9]換言之，由此即衍生出誰是「正統儒學」與誰是「摻雜了佛老的異端」之種

8　馮達文，郭齊勇等，《新編中國哲學史（下）》（臺北：洪葉文化事業有限公司，2013），頁9。
9　張麗珠，《清代的義理學轉型》（臺北：里仁書局，2006)，頁13。

種學術爭論。

　　然我們於此仍要進一步提出問題:「在眾多宋明儒中,為什麼本書要特別選擇王船山討論?」一方面是作者於博士班時期接觸到船山學,研讀船山著作也已有7、8年的時間,在此期間亦發表了諸多船山義理相關的論文;而作者的博士學位論文乃是通過意義治療進而比較與建構王陽明與王船山不同型態的儒家義理輔導學[10]。自博士班畢業之後,亦不敢說完全明白船山義理的全貌,然作者仍期勉自我深造船山學,是以本書集中討論船山義理視域下如何對於「經典詮釋」為核心展開。

　　另一方面,由於船山義理體系之龐大,以及其批判宋明儒之激烈,船山義理頗受當代哲人所推崇,「惟船山竄身猺洞,發憤著書,其哲學思想最為夐絕。船山本其哲學思想之根本觀念,以論經世之學,承宋明儒重內聖之學之精神,而及于外王,以通性與天道與治化之方而一之者,惟船山可當之耳。」[11]職是此故,本書欲通過討論與探究船山義理視域下的經典詮釋,以創發船山義理落實於當代之可能性。

　　船山的著作,兼具朱熹與陽明的特點,亦即有傳統注疏體,亦有經典詮釋。船山曾自言:「六經責我開生面,七尺從天乞活理。」[12]對於船山的生命而言,經典詮釋是一件非常

10　李瑋皓,《儒家義理輔導學之建構──以王陽明與王船山義理中的意義治療為核心開展》(臺北:文史哲出版社,2020)。

11　唐君毅,《中國哲學原論・原教篇》(臺北:臺灣學生書局,2004),頁515。

12　清・王夫之,《船山詩文拾遺》,載於《船山全書》第十五冊(長沙:嶽麓書社,2011),頁921。

具有意義的事情，「『六經責我開生面』的『責我』是自我的承擔感。能否承擔就不僅僅是自我責任感的強調程度問題，還關聯到自我的能力、素養、學養和思維等各方面的問題。特別是能否開出「生面」與自我後一方面問題關係更為密切。其實，並非『六經責我』，而是我責六經。《六經》作為歷史文本，是實存的；實存的文本本身它不會責我、責人，它也不會改變文本本身以適應我或時代的需要，而是負有時代責任感的人按照時代需要對《六經》文本做出不同的解釋或理解。從這個意義上說，是時代的需要『責我』對《六經》做出新生面的解釋和理解。」[13]析言之，船山不滿於當時諸儒的注疏，其認為宋明儒的義理思想大多以雜染了佛老，而非先秦孔孟的原始風貌。「如同明清之際的哲學意識一樣，王船山把對於宋明傳統的徹底批判作為其哲學的出發點，由於宋明傳統在他那個時代仍然是以『當代』意識形態的姿態出現的，所以，對於宋明傳統的批判就是對於『當代』哲學意識的批判性審視。」[14]是以船山基於自身的責任感以面對時代課題之需求，船山嘗試以自己之義理視域重新進行經典之詮釋，並對於宋明儒的經典詮釋提出批判，此即為船山建構其義理之緣由。

全書以船山義理為主軸，共分為三項研究環節：

第一，船山身為一位經典的詮釋者，其如何以「兩端而

---

13 張立文，《正學與開新——王船山哲學思想》 北京：人民出版社，2001），頁 39-40。

14 陳贇，《回歸真實的存在——王船山哲學的闡釋》（桂林：廣西師範大學出版社，2015），頁 443。

「一致」的辯證思維加以詮釋各家經典[15]，此是本書想釐清的主要工作。第二，對於船山而言，「經典」與「人」之關聯為何？第三，身為一個儒者的船山，如何詮釋道家義理的《老子》與《莊子》？

基於上述的動機，本書試圖藉由論述船山義理視域下的經典詮釋達到以下三個目的：

第一，架構出王船山經典詮釋的方法論意識實際內涵；第二，如何以「兩端一致」闡述「人」與「經典」之關聯，以整全各自具有獨立論述架構之《論語》、《孟子》、《大學》、《中庸》、《老子》、《莊子》，以體現經典之所以為經典之意義價值。第三，藉由上述一、二點，論述船山義理視域下對宋明儒之經典詮釋的分析與評價以及定性與定位船山義理視域下經典詮釋在儒家義理發展史上的意義價值。

以上即為本書之研究動機與目的。

第三節　研究方法

本書所採用的研究方法，主要是針對船山義理進行文獻內容之解讀與詮釋。船山思想歷來以艱澀難懂著稱，「首先面臨的困難是，王船山為學博通四部兼及佛藏，故着述宏富，不惟卷帙繁重，且其文句詰曲難解，因此，在林林總總之作中，欲發掘思想理出條緒誠屬不易，再加上其著書不自署年

---

15 關於船山「兩端而一致」的辯證思維，後文會詳加論述。

月，其思想逐年日進，前說不及追改，造成前後的思想參差，致使人覺有牴牾，因此欲據其著作以闡明其思想發展亦極為困難」[16]職是此故，當我們在詮釋船山義理時，總不免產生理解上的困境。是以，當我們在研究船山思想時，首要工作便是如何正確理解王船山所使用的文字概念。

　　當我們在面對中國經典文本時，「如何詮釋」乃是一件非常重要之基礎工作。是以雖然每位不同之詮釋者皆是面對同一部經典文本進行詮釋活動，然卻會有著不同之詮釋結論。而此正是研究中國義理之困難處，「最難的當然就是中國傳統的心性學，……即因義理學的諸理論所欲說明的存在事實，乃是關涉到人最內在的本心之活動、本性之存在的道德經驗。這樣的道德經驗，其不同於一般的感官經驗之處，在它蘊含了一無聲無臭的『道』，以為賦予一一感官經驗以意義的價值根源。於是，吾人欲對此存在事實有所說明時，主題便不在說明這事實的形貌結構如何，而重在說明這事實何以是有價值的。」[17]當我們在研究中國義理時，亦會面臨到相同之問題，且在當代與西方文化會通之中，所得出之詮釋結論更為大相徑庭。然「所有的詮釋學建構，最終都必須回到具體的文本詮釋，否則便是理論的虛無主義。」[18]職是此故，

---

16 汪惠娟，〈王船山「道器為一」形上思想之管見〉，《哲學與文化》8（2007：8）：81。

17 曾昭旭，《在說與不說之間——中國義理學之思維與實踐》（臺北：漢光文化，1992），頁 32。

18 林維杰，《朱熹與經典詮釋》（臺北：國立台灣大學出版中心，2016），頁 vii。

我們詮釋者所得出之詮釋結論乃為「創造性之詮釋」[19]。既然稱其為「創造性」，如此在人文學[20]立場之中即無有對錯之分別，而只在我們是否能接受其詮釋而已。職是此故，本書採用「創造性詮釋」，作為本書之研究方法。[21]此研究法要求詮釋者之詮釋前提或原則，不僅在解析文本時應當維持詮釋之一致性，並且透過多個詮釋系統之對比反省，務求詮釋時之周延客觀。職是此故，本書雖以「創造性詮釋」為基礎，卻並非任意詮解船山義理對於經典之理解；而是嘗試依據

---

19 此為傅偉勳先生所提出之方法論，其中包含五種義理辯證之層次。其方法論內容在於探討「原思想家現在必須說出什麼？」或「為了解決原思想家未能完成的思想課題，創造的詮釋者現在必須踐行什麼？」其旨趣在於將經典文本藉由批判進而將此思想家之義理落實於我們所處之當代，並提供給當代儒學一個新觀點、新進路，形成永不枯竭的學術活泉。而傅偉勳先生原以「必謂」為創造詮釋學之最高層次，後於 1991 年 2 月在香港「安身立命」國際研討會後，接受霍韜晦先生之建議，將最高層次「必謂」修訂為「創造」。傅偉勳，《學問的生命與生命的學問》（臺北：正中書局，1993），頁 228-242。關於創造詮釋學之詳細論述與如何應用，可參閱傅偉勳，《從創造的詮釋學到大乘佛學》（臺北：東大圖書股份有限公司，1999），頁 1-46。

20 關於「人文學」，林安梧先生即說道：「『人文』是什麼，人們經由語言、符號、象徵，這樣的一種媒介，來理解這個世界、詮釋這個世界，所構成的一大套系統性的、原則的、有程序、有步驟，有論證的這樣的一個系統，這樣的一個系統，我們把它叫做『人文學』。所以，關連著人來詮釋這個世界所構成的一大套系統，就叫做『人文學』。」林安梧，《中國人文詮釋學》（臺北：臺灣學生書局，2009），頁 6。

21 本書之研究方法受先生啟發甚多，唯本書在實際研究研究步驟之論述上，亦參考曾昭旭先生據以船山義理的「兩端一致」辯證思維方式，進而提出詮釋中國經典之方法論，並略有更張，故文責亦應由本書自負。可參閱曾昭旭，《在說與不說之間——中國義理學之思維與實踐》，頁 62-63。

船山義理之文獻，以及當代對各個詮釋者之研究成果，作為基礎及規限，進而使本書能獲得客觀周延之研究成果。

　　本書希冀藉由承認「不同理解」的詮釋學探究，掌握船山在理解經典文本活動中之詮釋學經驗，並通過「視域融合」之詮釋兼具廣博與深度的船山著作中注經文體與詮釋論辯過程，及其藉以創建思想體系的理論基礎，作為我們理解當代船山學的依據，並提供當代船山學研究通向開放之可能道路。因此問題不在於「正確的」儒家型理解或「正確的」船山學理解，而是在於我們能從船山義理或者任何經典取得之「意義」而論。「意義」只存在於各種可能之詮釋所創造之多樣性之中，它是一種「意義」的無限創造性問題，而此多樣性對原作者而言是絕對意識不到的。換言之，「放諸詮釋學的寬闊視野來看，文本的確證並不等於意義的確證，理解活動的複雜性並不能從文本的真實性中得到說明，所謂『訓詁明則義理明』的說法是很難站得住腳的。」[22]職是此故，本書除了「讓船山自己說話」之餘，亦會由其他之觀點對於船山義理之中論述有可議論處加以批判。「人」通過「經典」學習意義而成為更好的「人」，「經典」亦須通過「人」得以彰顯於生活世界中。期經過本書對於船山之經典詮釋進行梳理，能使讀者對船山義理，能有更多元的理解與認識。

---

22 景海峰，〈儒家詮釋學的三個時代〉，載於李明輝編，《儒家經典詮釋方法》，頁 139。

第四節　前人研究

　　如前所述，船山之著作體系龐大，從刊刻印行到義理學說之宏揚，近人研究成果甚為豐碩。如熊十力先生曾表明其在確立自己的「體用」的義理架構時，便是受到船山的啟發，而我們亦可散見先生對於船山的讚揚於其著作之中。[23]

　　自1949年國民政府撤退來臺後，兩岸學界對於「船山學」的相關研究亦有所差別，羅光先生曾指出：「研究王船山學術思想的學人，在大陸頗多，在臺灣很少。大陸學人以船山先生的學術思想，為唯物辯證論思想。」[24]然近年大陸學者也未必僅以唯物辯証討論船山義理。由於本書之著重面向在於船山義理視域下對於經典詮釋之討論。職是之故，作者於本節中將前人研究之成果集中於「船山義理視域下的經典詮釋」之面向的學者研究進行討論。

23　「乃忽讀《王船山遺書》，得悟道器一元，幽明一物。全道全器，原一誠而無幻；即幽即明，本一貫而何斷？天在人，不遺人以同天；道在我，賴有我凝道。斯乃衡陽之寶筏，洙泗之薪傳也。」熊十力，《新唯識論》（臺北：里仁書局，1993），頁 5。其他先生對於船山義理肯定之處，則可見於《原儒》與《十力語要》之中。

24　羅光，《王船山形上學思想》（臺北：輔仁大學出版社，1993），頁1。

一、唐君毅

　　當代學者之中，第一個對船山學做過全面性的討論與深入性的分析之學者，身為當代新儒家之一的唐君毅先生對於船山學之研究可謂開創先河。[25]先生論述船山學之著作主要集中在《中國哲學原論·原性篇》與《中國哲學原論·原教篇》。[26]其中《原教篇》一書共二十七章，而先生論述船山義理的篇幅即佔了六章，足見先生對於船山義理的重視。先生自謙其曾兩度全讀船山遺書，亦不敢言皆得船山義理。以下即將先生對船山義理綜述如下：第一點乃船山重矯王學之弊，彈正程朱理學，獨契橫渠；第二點是船山之著作多為注疏體裁，思想精義，隨文散見，難以歸約。又同類之語，重複疊見諸書，徵引之時尤難選擇；第三點是船山著作雖龐雜，然就先生看來，應以《周易外傳》、《周易內傳》、《讀四書大全說》、《詩廣傳》、《尚書引義》、《思問錄》、《正蒙注》、《讀通鑑論》、《宋論》為重要之作品。第四點就天道論而言，船山之哲學思想乃是據客觀現實的宇宙論進路，而非心性論，故特取橫渠之氣，然去其太虛之義。船山認為氣為「實」，此點

---

25 與先生相較之下，同為當代新儒家之一的牟宗三先生對於王船山的論著僅有〈黑格爾與王船山〉。先生在文中論述船山「不是一個好的哲學家，……是好的歷史哲學家。」牟宗三，《生命的學問》（臺北：三民書局，2015），頁 199。先生會有如此之見解原因乃在於先生將「氣」僅視為形而下之物質。

26 先生在《中國哲學原論·導論篇》中亦有〈王船山及清儒與事理〉以及〈王船山之命日降、與無命定義，及立命者之死而不亡義〉兩篇文章論述船山義理。可參閱唐君毅，《中國哲學原論·導論篇》（臺北：臺灣學生書局，2004），頁 75-87、623-625。

同于漢儒，然不同於漢儒之處在於，船山言氣重理同于宋儒，又以理為氣之理則同于明儒，然船山是即器而言氣，此乃為船山義理特殊之處。船山言氣不言一氣之化，而言二氣之化，此即《易》中乾坤並建、太極即陰陽二氣之化之渾合。第五點就人性論而言，船山論性特重人物之性之差別，而嚴辨人、禽之異。船山言性具於心，而心非即性；性無不善，而心有不善之幾。是以船山主張據性以正心治情，情不之善，不原於氣質，而源於氣質與外物相感應之際，船山據氣以確立性善義。第六點就工夫論而言，船山與宋儒多將惡歸於氣質大異，如此方可確立強調養氣踐形之功，以盡人事繼天功。第七點就人文化成論而言，船山批判宋明儒者「舍氣言性」與「即情言性」，謂此二者皆墮入佛家義理，故嚴辨儒佛之壁壘。船山據氣以論歷史文化，其說尤見精彩，非宋明諸儒所及。[27]

　　然先生對船山義理各方面之討論或詳或略，大體上則尚未充盡，尚有諸多可深入探究之處。雖然如此，先生之研究可說是已建立近代研究船山學系統之基本架構。

二、曾昭旭

　　曾昭旭先生的巨著《王船山哲學》是有史以來第一部兼具全面性與系統性論述船山義理之專書，乃為中文學界最具影響性的相關研究成果之一。先生該書共分三編八章，依序

27　以上七點可參閱唐君毅，《中國哲學原論・原教篇》，頁515-517。

討論船山生平、船山各部著作及船山義理思想綜論。值得一提的是，先生不僅僅是論述船山較為人知「儒家『氣』的哲學義理」之處；其對於船山治經（包含《易》學、《尚書》學、《禮》學、《春秋》學、《四書》學、）治史以及注佛、注《老》、注《莊》皆有相當詳細地探討。在綜論船山思想時，他更以船山義理之根本方向、「即氣言體」、「天化論」、「人道論」，以及「人文化成論」五種面向，分析船山義理之架構，先生之書大抵將船山學術及其義理思想之不同面向經由經典之梳理，從而建構船山整體義理之系統性架構。對於先生往後的學術關懷[28]；以及後來海內外學者多予以引用，做為據以研究船山義理之理論框架，影響極大。

　　而先生在梳解船山義理時有一特點，即是呈現船山獨特的「兩端一致」論。我們可以在先生其他著作中隨處散見先生據船山義理之「兩端一致」辯證思維方式，進而提出詮釋中國經典之方法論。先生所謂的「兩端一致論」，乃是以船山之「乾坤並建」連繫與大易之共同義理架構，即包含「人之生命實踐」與「經典之詮釋方式」二大領域，二者之間互相滲透，圓成一體，「先通過思辨理性以分別建立兩分析性的原理，然後再當下解消這分別而頓悟到實存的道的意思。」[29]先生認為船山兩端而一致的方法論，與純作概念分析的著作不同，係因同時要選擇相對之兩面，分別進行精當之分析，然

28　「本書自民國七十二年二月初版以來，……其間愚於船山的專著雖然不多，但船山義理實際上已成為我一切言行論著的總根源。」曾昭旭，《王船山哲學》（臺北：里仁書局，2008），頁1。

29　曾昭旭，《在說與不說之間──中國義理學之思維與實踐》，頁62-63。

後在兩端之對照中自然烘托、呈顯出一不可說之整合境界。

　　此方法論可避免當人在進行概念思考時，有所彰顯即同時不免有所遮蔽之缺點，而獲得相反相成之效果。先生另外在〈王船山兩端一致論衍義〉一文中詳加論述船山的兩端一致論之「兩端」為生命體證實踐（行）與經典詮釋方式（知）兩種領域以論述生命體證實踐領域分為「本體宇宙論意義」（乾坤並建），及「工夫論意義」（性情通貫）的兩端一致論，經典詮釋方式領域分為「教化意義」（泛濫百家、歸宗六經）及「學術意義」（通過歷史發展之事勢判斷，通過氣化觀念說義理）的兩端一致論。[30]據此人之所以為人的道德尊嚴義，由此而得以挺立。綜觀先生的研究成果，實已建立一完整的船山學術體系。

三、林安梧

　　林安梧先生在其船山學專著《王船山人性史哲學之研究》中先論述以「理」、「心」、「氣」三系說，理解宋明清儒學之脈絡。相較於朱子重理、陽明重心，船山則重氣。先生認為船山學曰有三個面向：一是「自然史哲學」（即天道論），二是「歷史人性學」（即人性論），三是「人性史哲學」（即歷史哲學）。先生認為，一般見解認為船山乃先建構「自然史哲學」從而演繹出「歷史人性學」和「人性史哲學」。然先生指出船山其實是以能詮釋宇宙天地的「人」為根基，上溯至

---

30 曾昭旭，《存在感與歷史感——論儒學的實踐面向》（臺北：臺灣商務印書館股份有限公司，2003），頁 1-12。

自然史哲學與下及於人性史哲學。「人之首出性」方為船山學的詮釋起點。[31]值得一提的是，先生也注意到船山「兩端而一致」的對比辯證之思維模式通貫了整個船山學。先生在本書中便指出船山一方面強調通過歷史來彰顯人性，詮釋人性，另一方面則強調通過人性來理解歷史、詮釋歷史，他建立了一套歷史的人性學，同時也建立一套人性史的哲學。換言之，先生主張船山以「兩端而一致」之詮釋視域下理氣合一論隱含一套自然史的哲學；理欲合一論隱含著一套歷史的人性學；理勢合一論隱含著一套人性史的哲學。[32]

　　先生治學善於批判與重建儒家義理，而船山「兩端而一致」的辯證思維，亦對先生有諸多影響，先生嘗言：「當在一九八四年秋，我從曾昭旭先生手裡接受了一批船山學的材料，……收羅了當時大陸著名船山學專家的重要論文，……也慢慢見識到了海峽兩岸哲學問題意識的異同。那時，只有一個想法，我想用船山辦法『兩端而一致』，調適而上遂之，讓兩岸的船山學有進一步溝通、交談的可能。」[33]先生認為船山「兩端而一致」的辯證思維指出了「道」、「人」、「經典」各為「兩端而一致」的交融互攝。「『經典』教養了『人』，『人』經由『經典』的教養而通極於『道』。」[34]而此正是船

31　林安梧，《王船山人性史哲學之研究》（臺北：東大圖書股份有限公司，1987），頁 19-20。

32　林安梧，《王船山人性史哲學之研究》，頁 98。

33　林安梧，〈王船山「經典詮釋學」衍申的一些思考——兼論「本體」與「方法」的辯證（上）〉，《鵝湖》11（2012：5）：23。

34　林安梧，〈王船山「經典詮釋學」衍申的一些思考——兼論「本體」與「方法」的辯證（下）〉，《鵝湖》11（2012：6）：20。

山經典詮釋學所引伸出哲學詮釋學的特色。

四、陳　來

　　陳來先生的大作《詮釋與重建——王船山的哲學精神》一書中，分別以《讀四書大全說》、《思問錄》、《正蒙注》為研究對象。全書除「緒言」、「概說」外，共分：「讀《大學》」、「讀《中庸》」、「讀《論語》」、「讀《孟子》」、「《思問錄》」，以及「《正蒙注》」等六個論題，文末並附「元明理學的『去實體化』轉向及其理論後果」一文。從其書名「詮釋與重建」，我們可以得知先生對船山的研究，既立基於探究船山對經典之詮釋方法，並宏揚《正蒙》義理之旨趣，亦建構先生對船山經典與義理發展之分期、形成之梳理上。[35]先生將其對於船山義理之考察分為十八個重點，並以船山義理中的「氣善說」、「氣性說」、「罪情說」、「持志說」、「全歸說」以揭示其「本體論」、「心性論」、「工夫論」、「解經論」、「人生論」、與「宇宙論」[36]先生將《讀四書大全說》視為船山早期義理代表之作，更以全書共四章之篇幅，廣泛探討「四書學」在船山哲學中的關鍵地位。除此之外，先生將《正蒙注》與《思問錄內篇》視為船山晚年之義理著作，又尤以《正蒙注》特別重要，據此探究船山哲學最終之歸趨。

---

35 按先生自己的說法，其是從船山晚年對張載《正蒙》的詮釋顯示出，船山的所有思想努力是致力於儒學正統的重建，從思想文化上端正中華文化的生命方向而定此名。可參閱陳來，《詮釋與重建：王船山的哲學精神》（北京：生活・讀書・新知三聯書店，2010），頁 26。
36 陳來，《詮釋與重建：王船山的哲學精神》，頁 48。

　　值得一提的是，先生亦注意到船山「兩端而一致」的思維方式並指出「理」與「欲」以及「理」與「氣」的問題，先生強調不可忽略船山哲思的動態性，而妄以靜態的之概念分析船山哲學。而先生認為船山義理之落腳處是在生死——善惡的問題，其他複雜的理論辨析和概念組織都是圍繞此一核心的外圍建構和展開。「『全而歸之』的論述，顯示出船山思想中的一種根深蒂固的意識，即人對於宇宙的責任意識，而所有的意義都是建構在這一責任意識上的：即人對於宇宙的原生生態的保持和淨化，是一件具有根本意義的事情，人要以善生善死來承擔起他對宇宙的這種責任。」[37]我們亦可從此書中發覺先生有意以船山「兩端而一致」詮釋「氣」外，亦有意擺脫「唯物或唯心」的傳統框架進而言「氣」。總體而言，本書對於作者有諸多啟發。

五、戴景賢

　　戴景賢先生的《王船山學術思想總綱與其道器論之發展》，是近十年以降難得一見兩岸船山學研究之重量級著作。全書共分上下編兩冊，《上編》論「王船山學術思想總綱」，共計五章，依序探討：「論王船山性理思想之建構與其內部轉化」、「論王船山哲學之系統性及其基本預設」、「論王船山之文明史觀及其歷史哲學」、「論王船山思想之時代性與其內涵之近代特質」，以及「論王船山動態哲學中『目的性』

---

37 陳來，《詮釋與重建：王船山的哲學精神》，頁 47。

思惟之削減及其所形塑之倫理學與美學觀點」；在《下編》，則是以「道器論」為題，統攝六篇專文探討：「船山《周易外傳》中有關道器論之建設」、「船山《讀四書大全說》所提出之氣、質、性、命之辨」、「船山《周易內傳》對其道器論所作成之初步結論」、「船山論學由尊朱而改宗橫渠之轉變」、「船山思想先後轉變與其治《老》《莊》之關係」、「船山道器論思想先後轉變對於其心性論之影響」。《下編》書末並附「人名與書名篇名索引」。先生全面性詳細考察與說解，乃是一部頗具學術意義之大作。

先生首先指出若欲考論船山思想，則須依船山撰述著作之先後，以傳述時間可據之三書──《周易外傳》、《讀四書大全說》、《周易內傳》為依準，由此企圖發掘船山一生所意欲解決之問題」，並考察與其對此問題探索之大體歷程，再以此為基礎，查考其餘未有年月可詳之重要著作，而以思想發展所宜有之順序，校訂各書成稿之先後，求能納入先前所建構之詮釋框架內，圓融成說。[38]必須特別一提的是，先生於本書中之結論，與傳統學界對於船山義理之共識有所差異，值得後人加以討論。先生判析船山與張載哲學體系不同，前者屬「動態的兩重體用」論，後者仍為「靜態之形而上學」。故船山雖宣稱「希張橫渠之正學」，但在哲學體系上，不應為橫渠學之後繼。[39]先生將船山哲學分為五個階段，第一階段

---

38 戴景賢，《王船山學術思想總綱與其道器論之發展》下編（香港：中文大學出版社，2013），頁 x-xi。
39 戴景賢，《王船山學術思想總綱與其道器論之發展》上編（香港：中文大學出版社，2013），頁 178。

有兩個重點，一是自儒家之性理思想中有效將佛、老思想排除；二是如何看待陸王心學；三是如何理解參與歷史、社會變化之作用因素，並與人性之發展議題；四是如何界定「民族」、「歷史」與「文明」，並由此建立以儒家為核心的「文明論」；五是如何確認義理之本原，並將其闡明。第二階段則是以《尚書引義》為討論之重點而論「道」、「氣」、「性」、「天」、「人」之分判。第三階段則是將《讀四書大全說》列為船山哲學承先啟後的關鍵。第四階段則以《周易內傳》所展現者為。最後階段並以《張子正蒙注》為船山晚年哲學體系終成之作。由此指出在船山的動態哲學中，其氣論並非僅僅只是宇宙構成論架構式的「只是氣」，而是帶有價值義的存在之流行，並依此開展出以氣化流行所形塑之倫理學。

六、蔡家和

蔡家和先生的《王船山《讀孟子大全說》研究》一書共十三章，其中皆是以船山詮釋《孟子》為核心開展。本書在之要旨在於，透過與朱子義理的比較，藉以突顯船山之氣學。先生指出，船山是針對程朱學派、程朱後學而起的，而其要修正理學之方，即是透過重氣之義理。

至於為什麼需要修正批判？先生指出「船山認為程朱學派之詮釋觀點雜了許多佛老，以至於把氣貶低，或視人性與物性等等之說。又船山認為二元的割裂容易重理貶氣而貶世間。船山以重世間、重氣化人倫的詮釋方式，重新詮釋孟子，

而不要程朱的陽儒陰釋之詮釋。」[40]《四書大全》所發揚的是程朱學，故船山即透過此書來指出程朱學派、程朱後學之問題。職是此故，本書在論述船山思想時，亦是透過與程朱思想之比較來突顯。先生認為，分析船山的概念時首先應理解船山之說法是針對什麼問題而發。先生認為如果試圖將船山對於特定概念的說法提出一綜合之分析，最終會得出前後不一致的講法，乃因船山是在不同之文本中回應不同之經典詮釋的問題。先生同樣以為船山「兩端而一致」之說，若僅將船山的概念獨立出來單獨研究，卻不在原本之脈絡中，則容易造成偏孤。[41]此點頗值得研究船山學之學者注意。

　　以上簡述了六位教授對於「船山經典詮釋」之見解，必須說明的是，由於兩岸研究船山學之學者眾多，礙於本書有限的篇幅，無法一一詳加討論。職是此故，其他相關之單篇論文或著作則在書中相關之處盡可能地加以斟酌引用。希冀能以「王船山義理視域下經典詮釋論探」為主軸，進一步在前輩學者們的研究基礎上，推擴探討船山義理。

第五節　各章安排之順序與特色

　　在各章安排之順序上，本書共九章，除首、末列「緒論」

---

40 蔡家和，《王船山《讀孟子大全說》研究》（臺北：臺灣學生書局，2013），頁 387。

41 蔡家和，《王船山《讀孟子大全說》研究》（臺北：臺灣學生書局，2013），頁 10-18。

與「結論」外，前後分別發表於期刊論文、研討會論文集中，此次統整成書，各篇文字與格式皆多有修正，經反覆增損修改而後成文。

以下即此說明各章節之安排之旨趣，本書之研究目的在於述明船山學中「人」與「經典」之間關聯。是以在第二章〈論王船山詮釋視域下《周易》的「氣」觀〉中談論船山易學中對於「乾」「坤」二卦之詮釋，並指出船山「乾坤並建」之義蘊；第三章〈論王船山詮釋視域下《大學》的「內聖」、「外王」觀〉談論船山詮釋〈大學〉之進路，以及船山指出「格物與致知之內聖觀」與「明倫與經世之外王觀」；第四章〈論王船山詮釋視域下《中庸》的「君子」觀〉談論船山認為「天命」是一位君子之根源，而成為一個君子之道即在實踐內在修養之「存養察識」與外在化成之「禮樂教化」；第五章〈論王船山詮釋視域下《論語》的「聖人」觀〉首先談論船山詮釋《論語》之進路，並論述在船山義理視域下，「聖人」的形象為何，最後談論成聖之要旨在於「學」與「思」；第六章〈論王船山詮釋視域下《孟子》的「情」、「才」觀〉首先談論船山詮釋《孟子》之進路，接著談論船山詮釋視域下《孟子》「情」與「才」之義蘊；第七章〈論王船山詮釋視域下《老子》的「生機」觀〉首先談論船山對於《老子》義理的理解與批判之處為何，接著論述船山如何將《老子》義理進行轉化與重構，並重新肯定與汰濾《老子》義理；第八章〈論王船山詮釋視域下《莊子》的生死觀〉首先談論船山對於《莊子》義理的理解與批判之處為何，接著論述船山如何肯定《莊子》義理並與儒家義理進行會通，並重新援莊入儒與重構《莊子》義理。

　　以上之章節安排，乃是順著船山「兩端而一致」的辯證思維方式，且當作者在進行詮釋時，必依著原典而論，如此方不會使船山義理陷入自相矛盾之境遇。而本書之結論，與其他研究船山學之學者有相同之見解，亦有不同之處，然「重要的是經由適當的提問，讓文本重新講話，……通過提問與探索、轉化與傳介的過程，進行詮釋理解的工作，如此去深化詮釋學的現代意義和實質貢獻。」[42]誠如前文所言，船山學之著作龐大，本書與其他學者有不同之處，都是為闡發船山學於當代之意義價值。以上即為本書之特色。

　　作者蒙前賢之脈絡乃能有所見如此，有所說如此。今即暫以此文標示作者目前之所見，並以為日後努力之起點，自勉之餘尚祈各位學者賜正。以下即依上述架構，逐步展開討論。

---

[42] 張鼎國，〈「較好地」還是「不同地」理解？——從詮釋學論爭看經典注疏中的詮釋定位與取向問題〉，載於汪文聖，洪世謙編，《詮釋與實踐》（臺北：政大出版社，2011），頁129。

第二章　論王船山詮釋視域下《周易》的「氣」觀

第一節　前　言

　　明清鼎革之際，諸多儒者們反思家國之憂患，對於當時之思潮提出批判。[1]而王船山即欲重新詮釋與重建[2]《周易》

---

1 見船山言：「近世小人之竊儒者，不淫於鬼而淫於釋，釋者，鬼之精者也。以良知為門庭，以無忌憚為蹊徑，以墮廉恥、捐君親為大公無我。故上鮮失德，下無權姦，而萍散波靡，不數月而奉宗社以貽人，較漢之亡為尤亟焉。小人無憚之儒，害風俗以陸沈天下，禍烈於蛇龍猛獸，而幸逸其誅。」清・王夫之，《讀通鑑論》上冊（北京：中華書局，2015），頁123。亦可見顧炎武言：「昔之清談談老、莊，今之清談談孔、孟，未得其精而已遺其粗，未究其本而先辭其末。不習六藝之文，不考百王之典，不綜當代之務，舉夫子論學、論政之大端一切不問，而曰「一貫」，曰『無言』，以明心見性之空言，代修己治人之實學。股肱惰而萬事荒，爪牙亡而四國亂，神州蕩覆，宗社丘墟。」明・顧炎武，清・黃汝成，《日知錄集釋》（臺北：國泰文化事業公司，1980），頁154。

2 「明清之際的時代巨變是他這一代思想家思考的根本動力。另一方面，他和他同時代人所經歷的危難和困苦是前代思想家所沒有經歷過的，這使他由以從事著述的心境，也就與宋代以來的程朱陸王都大不相同。」又言：「清初這個時代的主導方向是指向於對明代理學衍變（陸王派和程朱派）的反思和超越，轉向篤實的道德實踐，以重建儒學的正統；

之義蘊，成就人生命中道德實踐之事。然我們在此要進一步
追問的是，為什麼船山欲重建與詮釋《周易》呢？見其言：

> 朱子學宗程氏，獨於《易》焉盡廢王弼以來引伸之理，
> 而專言象占，謂孔子之言天，言人，言性，言德，言
> 研幾，言精義，言崇德廣業者，皆非羲、文之本旨，
> 僅以為卜筮之用，而謂非學者之所宜講習。其激而為
> 論，乃至擬之於《火珠林》卦影之陋術，則又與漢人
> 之說同，而與孔子《繫傳》窮理盡性之言，顯相牴悟
> 而不恤。[3]

引文中船山即說道，其以為朱熹對於《周易》之詮釋，並非
是以義理為核心，而是以卜筮為核心。[4]此就船山之立場而
言，並非為「儒家易學」之道德實踐之原義。唐君毅先生即
補充道：「乾坤稱為易之蘊。……由天地之互著，乾坤之必
交，即知天地皆各蘊乾坤合撰之太極。」又言：「惟船山……
承數百年理學中之問題，入乎其中，出乎其外，……知實現

而船山學術思想的這種反思活動，以『文化的反省』和『正統的重建』
為主要特徵，可以視為這一反思和轉向時代的開端的代表。」陳來，
《詮釋與重建：王船山的哲學精神》（北京：生活‧讀書‧新知三聯
書店，2010），頁1、21。

3　清‧王夫之，《周易外傳》（北京：九州出版社，2010），頁235。

4　「命之曰：『假爾泰筮有常，假爾泰筮有常。某官姓名，今以某事云
云，未知可否，爰質所疑于神於靈。吉凶得失，悔吝憂慮，惟爾有神，
尚明告之。』」又言：「凡十有八變而成卦，乃考其卦之變，而占其
事之吉凶。」南宋‧朱熹，《周易本義》（臺北：大安出版社，2014），
頁8、10。

此理此心于行事，以成人文之大盛者，必重此浩然之氣塞乎兩間，而兩間之氣，亦即皆所以實現此理者。……由是而宗教、禮、樂、政治、經濟之人文化成之歷史，並為其所重。」[5]船山強調人做學問之目的，即在開展人文化成之功業，而其以為一切人文化成之核心義蘊，即在於「乾坤」二德之上。[6]是以船山言：「道行於乾坤之全，而其用必以人為依，不依乎人者，人不得而用之，則耳目所窮，功效所廢，其道可知而不必知，聖人所以依人而建極也。」[7]人可據亙古雋永之儒家義理，進而挺立自我與天道之連結，真實體現自我生命之意義價值。

　　是以本文之開展，底下作者即分兩小節闡述船山如何以其「氣學」，重新詮釋與重建「《周易》中『乾坤』二卦」之義蘊；接著說明「船山義理之乾坤並建之義蘊」。以下即依上述之架構，逐步展開討論。

5　唐君毅，《中國哲學原論・原教篇》（臺北：臺灣學生書局，2004），頁 528、667-668。
6　「《周易》並建〈乾〉〈坤〉於首，無有先後，天地一成之象也。無有地而無天，有天而無地之時。則無有有〈乾而無〈坤〉、有〈坤〉而無〈乾〉之道。無有陰有陽、有陽無陰之氣，無有剛無柔、有柔無剛之質，故無有仁無義，有義無仁之性。」清・王夫之，《張子正蒙注》（北京：中華書局，2011），頁 243。。
7　清・王夫之，《周易外傳》（北京：九州出版社，2010），頁 30。曾昭旭先生即補充道：「船山之易學，則實無意建構一客觀之宇宙論而只是說人事，亦非泛泛地說人事之吉凶而只是就君子之存心以說人道之得失。」曾昭旭，《王船山哲學》（臺北：里仁書局，2008），頁 53。

第二節　王船山「氣」學視域對於「乾」「坤」二卦之詮釋

　　船山詮釋《周易》之依據，根本上是以「氣」為本體而進行詮釋。[8]首先即見其言：

> 張子云：「繇氣化，有道之名。」而朱子釋之曰：「一
> 陰一陽之謂道，氣之化也。」《周易》「陰」「陽」
> 二字是說氣，著兩「一」字，方是說化。故朱子曰：
> 「一陰而又一陽，一陽而又一陰者，氣之化也。」繇
> 氣之化，則有道之名，然則其云「繇太虛，有天之名」
> 者，即以氣之不倚於化者言也。氣不倚於化，元只氣，
> 故天即以氣言，道即以天之化言，固不得謂離乎氣而
> 有天也。[9]

8　「夫一陰一陽，《易》之全體大用也。」又有言：「一陰一陽之道，為
　　《易》之全體。」王夫之，《周易內傳》，頁 284、285。唐君毅先生
　　即補充道：「船山則真知氣之重者也。此氣，吾嘗以流行的存在，存
　　在的流行釋之。非只物質生命之氣是氣，精神上之氣亦是氣。唯精神
　　之氣能兼運用物質與生命之氣，故言氣必以精神上之氣為主，……船
　　山言心理與生命物質之氣，而復重此精神上之氣，即船山之善論文化
　　歷史之關鍵也。蓋一重氣則吾人於歷史文化固亦可視為吾心之理之例
　　證。……然亦可不只視為吾心之理之例證，而視之為客觀存在，超乎
　　吾人，包乎吾人之實事，當恭敬以承之，悉心殫志以考究之者矣。」
　　唐君毅，《中國哲學原論・原教篇》，頁 628-629。
9　清・王夫之，《讀四書大全說》（北京：中華書局，2011），頁 718。

引文中船山即讚揚宋儒張載與朱熹之詮釋見地，以為兩位儒者之詮解乃是儒家之真義。不過值得一提的是，朱熹在此是在理氣二分之觀點下所言之，與船山不同。[10]船山以為「陰」與「陽」即是實存之「渾然一氣」，乃為「天」之原始面貌。而氣體流行分化後，才有為道、為理之名也，是以在其義理中，道與理乃為運行之形式與條理。[11]是以船山言：「蓋言心言性，言天言理，俱必在氣上說，若無氣處則俱無也。」(《讀四書大全說》頁 718)船山即氣言體，有體有用[12]，氣實有常在，乃為周流貫通之動態歷程，據以此開展出動而無息、真實無妄且至善之天道觀。

---

10 「有是理而後生是氣，自『一陰一陽之謂道』推來。」南宋・黎靖德編，《朱子語類》（北京：中華書局，2016），頁 2。

11 「太極最初一〇，渾淪齊一，固不得名之為理。殆其繼之者善，為二儀，為四象，為八卦，同異彰而條理現，而後理之名以起焉。氣之化而人生焉，人生而性成焉。緣氣化而後理之實著，則道之名亦因以立。是理唯可以言性，而不可加諸天也，審矣。就氣化之流行於天壤，各有其當然者，曰道。就氣化之成於人身，實有其當然者，則曰性。性與道，本於天者合，合之以理也；其既有內外之別者分，分則各成其理也。故以氣之理即於化而為化之理者，正之以性之名，而不即以氣為性，此君子之所反求而自得者也。」王夫之，《讀四書大全說》，頁 720。船山以為當氣只是渾然一氣、無任何分別，即「太極」之狀態之時，「理」是無法建立也。換言之，即陰陽之未分與渾淪。太極在船山而言，是陰陽之相加而為太極，故太極亦是氣。然氣與氣化不同，陰陽太極為氣，一陰一陽則為氣化。在氣化流行後，而有所謂「道」（氣之流行之方式）與「理」（氣之流行之條理）、內與外之別。換言之，即道或太極即在氣化之流行中。此「道」落實人人身上，即為人之天生所具之「性」。是以船山即以「氣」為其根源義，「理」作為其「第二義」，並由此肯定人之性乃必為善性。

12 「當其有體，用已現；及其用之，無非體。蓋用者用其體，而即以此體為用也。故曰：『天地絪縕，萬物化生』，天地之絪縕，而萬物之化生即於此也。」王夫之，《讀四書大全說》，頁 503。

底下作者即分兩小節，分別論述船山以其氣學詮釋「乾」「坤」二卦。

一、王船山「氣」學視域對於「乾卦」之詮釋

船山進一步以陰陽二氣之變化流行，詮釋「乾」「坤」二卦，見其言：

> 乾者陽氣之舒，天之所以運行。坤者陰氣之凝，地之所以翕受。天地，一誠無妄之至德，生化之主宰也。……唯其健，故渾淪無際，涵地於中而統之，雖至清至虛，而有形有質者皆其所役使，是以尊而無尚；唯其順，故雖堅凝有實體之可憑，而靜聽無形摶攏，不自擅而為其所變化，是以卑而不違；則於尊卑之職分，而健順之德著矣。[13]

引文中船山即說道乾陽之氣暢通流行於具體之天地萬物中，萬物皆得此陽剛至健之氣而具存在之意義。故「乾」其性剛健；坤陰之氣凝結保聚而成堅固之形體，然其流行變化乃為順從陽氣之主宰，故「坤」其性柔順。是以陰陽二氣為天道之實有[14]，而乾坤即同為生化天地萬物之主宰[15]，天地萬物之

---

13 王夫之，《周易內傳》，頁 274，
14 「『道』謂天道也。『陰陽』者太極所有之實也。凡兩間之所有，為形為象，為精為氣，為清為濁，……皆此二者之充塞無間，而判然各為一物，其性情才質功效，皆不可強之而同。」王夫之，《周易內傳》，頁 284。又言：「陰陽二氣充滿太虛，此外更無他物，亦無間隙，天

生成，實為一至健之氣之周行流遍而變化得宜，進而進立真
誠[16]無妄之人文世界。

之象，地之形，皆其所範圍也。」王夫之，《張子正蒙注》，頁 11。
朱伯崑先生即補充道：「凡是有形有象的東西，從大至小，從未成形
至已成形皆是陰陽二氣之產物。由於二氣各有其性能，所以天地萬物
的性情和功效又各有差異。總之，宇宙中充滿陰陽二氣，別無其他。」
朱伯崑，《易學哲學史》第四卷（北京：華夏出版社，1995），頁 133。
15 「乾坤合德、健以率順、順以承健，絪縕無閒之妙用，並行於萬物之
中者也。」王夫之，《周易內傳》，頁 343。唐君毅先生即補充道：
「船山……，將乾坤之道隸在陰陽二氣之流行中，以為其道其德，而
更重在說此乾坤為不離此氣之理。此二氣之流行，固原依其有此乾坤
之道之德之理；然此德此道此理，亦順此氣而流行。故氣即流行，則
其理亦非其如故，萬物萬氣，即各有創新，非同舊有，……天地陰陽
之氣曰陰陽，其理其道，曰乾坤。乾坤即天地陰陽之道之理之性，其
見於氣曰情，簡言之，乾坤即天地之性情。」唐君毅，《中國哲學原
論・原性篇》（臺北：臺灣學生書局，2006），頁 512-513。
16 「夫誠者實有者也，前有所始、後有所終。實有者，天下之公有也，
有目所共見，有耳所共聞也。」又言：「誠也者實也，實有之固有之
也。無有弗然，而非他有耀也。猶夫水之固潤固下，火之固炎固上也。
無所待而然，無不然者以相雜，盡其所可致，而莫之能禦也。」清・
王夫之，《尚書引義》（北京：中華書局，2011），頁 60、100。又
言：「誠者，無對之詞也。……誠不誠之分者，一實有之，一實無之；
一實全之，一實欠之。了然此有無、全欠之在天下，固不容有欺而當
戒者矣。……乃無有不偽， 而必有其誠。則誠者非但無偽之謂。……
說到一箇『誠』字，是極頂字，更無一字可以代釋，更無一語可以反
形，盡天下之善而皆有之謂也，通吾身、心、意、知而無不一於善之
謂也。若但無偽，正未可以言誠。」又言：「若夫天，則《中庸》固
曰『誠者，天之道也』。誠者，合內外，包五德，渾然陰陽之實撰，
固不自其一陰一陽、一之一之之化言矣。誠則能化，化理而誠天。天
固為理之自出，不可正名之為理矣，故《中庸》之言誠也曰一，合同
以啟變化，而無條理之可循矣。」船山在此以水與火之客觀性質為例，
論述水之「潤下」與火之「炎上」之性質，在船山看來，客觀存在者
即是實有、即是「誠」。即為陰陽之實，船山所言之「氣」乃是具備
「理」於其中，理氣合一，要先有氣，始有流行變化（氣化），是故
船山以為「理」不是由「天」出，此本體在尚未氣化流行時只可曰「天」

　　船山在詮釋〈乾‧卦辭〉「乾。元亨利貞。」時，亦據「乾氣舒暢而剛健」之儒家氣學義理，進而言之：

> 乾，氣之舒也。陰氣之結，為形為魄，恆凝而有質。陽氣之行於形質之中外者，為氣為神，恆舒而畢通，推當乎陰而善其變化，無大不屆，無小不入，其用和煦而靡不勝，故又曰「健」也。……性情功效皆舒暢而純乎健。……盡見諸發用，無所倦吝，故謂之乾。[17]

引文中船山即說道陽氣永恆之舒暢貫通而為「乾」，此乃為天地萬物之生化之源，其剛健之氣不僅為天地萬物之始，更為天地萬物存在之根據。而乾在於人，即為溫和、惻怛、清剛、萬善之「仁」也。是以船山言：「以化言之謂之天，以德言之謂之乾。乾以純健不息之德，御氣化而行乎四時百物，各循其軌道，則雖變化無方，皆以乾道為大正。」[18]陰氣收攝聚合以凝聚為萬物之形體，萬物之形體若無陽氣之流行變化，則不具有意義價值。乾氣之健動發用，徹入無間，隨其所至，

或「太極」；具體流行於人之生活世界中，則可曰「氣」或「誠」。而天理亦必經由氣之流行，而後起理之名，氣之化而有人，有人而有善性。是以船山言：「天下豈別有所謂理，氣得其理之謂理也。氣原是有理底，盡天地之閒無不是氣，即無不是理也。」船山將「氣」作為其根源義，而「理」則為第二義。由此可見船山以為「天」、「氣」、「誠」三名實為一。王夫之，《讀四書大全說》，頁 604-605、720、666。

17 王夫之，《周易內傳》，頁 9。
18 王夫之，《周易內傳》，頁 14。

使萬物之形體內外舒通，乾之健順之氣運行之所達，即順健順之氣變化之所至而化育萬物，無所偏私、無所止息。[19]

二、王船山「氣」學視域對於「坤卦」之詮釋

船山在詮釋〈坤‧卦辭〉「坤，元亨，利牝馬之貞。」即有言道：

> 坤之德「元亨」，同於乾者，陽之始命以成性，陰之始性以成形，時無先後，為變化生成自無而有之初幾，而通乎萬類，會嘉美以無害悴，其德均也。陰，所以滋物而利之者也。[20]

---

19 「『元』，天下之有，其始未有也，而從無肇有，興起舒暢之氣……成性以後，於人而為仁；溫和之化，惻惻之幾，清剛之體，萬善之始也，以函育民物，而功亦侔其大矣。『亨』，乾以純陽至和至剛之德，徹群陰而訢合之，無往不遂，陰不能為之礙也。『利』，乾純用其舒氣，遍萬物而無所吝者，無所不宜，物皆於此取益焉。『貞』，純陽之德，變化萬有而無所偏私，因物以成物，因事以成事，無詭隨，亦無屈撓，正而固矣。」又言：「物皆有本，事皆有始，所謂『元』也。《易》之言元者多矣。唯純乾之為元，乙太和清剛之氣，動而不息，無大不屆，無小不察，入乎地中，出地地上，發起生化之理，肇乎形，成乎性，以興起有為而見乎德。則凡物之本，事之始，皆以此倡先而起用，故其大莫與倫也。木火金土，川融山結，靈蠢動植，皆天至健之氣，以為資而肇始。」王夫之，《周易內傳》，頁9、13。

20 王夫之，《周易內傳》，頁26。

引文中船山即說道「乾陽之氣」之流行創生天地萬物，使其
具有天道之性[21]；「坤陰之氣」之流行則使天地萬物具有形驅。
唐君毅先生即補充道：「依船山說，則一切有形器之物，無不
承他物之用，而更自用其體以生他物，而存于此一用之流行
中。亦即皆依陰陽二氣，以成其形器之物。有此而更說天地
間惟有此陰陽二氣之自順其動靜之理，而自靜自動，以有此
天地間形形相繼，器器迭成。則通此宇宙，只此由二氣自順
其動靜之理，而有之化育流行。萬形萬器，即在此二氣之化
育流行中，成成化化。故惟此陰陽二氣，與萬形萬器為體。
萬形萬器，皆可說為此二氣之所凝，而萬形萬器，即更可說
為此二氣之自用其體所成者。」是以船山言：「故純乾純坤，
無時有也。有純乾之時，則形何以復凝？有純坤之時，則象
何以復昭？」[22]乾坤二氣一同具體落實於人之生活世界中，
一切有形體之物，皆因此陰陽二氣之流行，而具備「性」與
「形」，此時天地萬物即為實有而開顯其意義。[23]

　　復次，見船山在詮釋〈坤‧彖傳〉「至哉坤元，萬物滋生，
乃順承天」時有言：

> 陰非陽無以始，而陽藉陰之才以生萬物，形質成而性
> 即麗焉。相配而合，方始而即方生，坤之「元」所以
> 與乾同也。[24]

---

21 「性是理氣合，仁義禮智與聲色臭味乃所謂的天地之性與氣質之性……
　 在船山而言，性之善，無論是氣質之性與本然之性都是善。」蔡家和，
　 《王船山《讀孟子大全說》研究》（臺北：臺灣學生書局，2013），
　 頁 393。
22 王夫之，《周易外傳》，頁 107。
23 唐君毅，《中國哲學原論‧原教篇》，頁 521。
24 王夫之，《周易內傳》，頁 27。

引文中船山即說道乾陽之氣雖以其剛健之德以化育天地萬物之性，然天地萬物之具體形軀，仍必須由坤陰之氣收攝聚合之效用。是以船山言：「陰陽實體，乾坤其德也。體立於未形之中，而德各效焉，所性也。」[25]乾坤二元乃是陰陽二氣生化萬物之兩端，不可偏廢，故皆稱「乾坤」為「元」。

　　船山在詮釋〈坤・卦辭〉「牝馬地類，行地無疆，柔順利貞。」時即續論「坤陰」之德：

> 馬之行健，本乾之象。牝秉陰柔之性，則與地為類。地順承天，則天氣施於地之中，如牝馬雖陰，而健行周乎四方，此地之利貞，以守一從陽為貞也。[26]

引文中船山即說道牝馬與地皆有柔順溫和順應之德，屬於坤陰，呼應且順從天之乾德之流行發用[27]。潘朝陽先生即補充道：「船山其實給予了乾坤之『上下』和『主從』層次的位置，在本體宇宙論的意義上，乾道在上為主，其作用是『引領』，而坤道在下為從，其作用是『順應』，如此，萬物方能生生不息，在結構上，萬物的本性從乾道而生，是『在內』，而其形

---

25 王夫之，《張子正蒙注》，頁 324。
26 王夫之，《周易內傳》，頁 27。
27 「柔者，無銳往之氣，委順而聽陽之施也。乃其為體，有形有質，則其與陽俱動也，……陰體凝定，非陽感不動，靜也；而唯其至靜，高下柔剛各有一定之宜而不遷，故隨陽所施，各肖其成形，……是其德之方也。柔靜者，牝道也。」王夫之，《周易內傳》，頁 31。

態從坤道而有，是『在外』。」[28]是以陰陽二氣之氣化流行，即不僅僅是卦爻象之變化，同時亦為天地萬物之本體。人所處之生活世界中一切實有之存在與變化，皆只是此陰陽二氣之相互調劑進而創造保聚而已矣。[29]

第三節　王船山易學中
「乾坤並建」之義蘊

　　船山「即氣言易」中最為獨特之義理，即為「乾坤並建而捷立」。然我們要進一步追問的是，「乾坤並建」之義蘊為何呢？見船山言：

---

28 潘朝陽，《家園深情與空間離散：儒家的身心體證》（臺北：國立臺灣師範大學出版中心，2013），頁 83。

29 「天地之際，間不容髮，而陰陽無畛者謂之沖，其清濁異用，多少分劑之不齊，而同功無忤者謂之和。沖和者行乎天地而天地俱有之，相會以廣所生，非離天地而別為一物也。故保合則為沖和，奠位則為乾坤。」王夫之，《周易外傳》，頁 53。又言：「若使但依種性而成，則區別而各相肖；唯聚而成，散而毀，既毀而復聚，一唯陰陽之變合，故物無定情，無定狀，相同而必有異。足知陰陽行乎萬物之中，乘時以各效，全具一絪縕之體而特微爾。」王夫之，《張子正蒙注》，頁 26。牟宗三先生即補充道：「有創造真幾處即是元，有真實生命處即是元。……創造即是天，保聚即是地。……乾元為綱領，坤元為隸屬。」牟宗三，《心體與性體》第一冊（臺北：正中書局，2010），頁 326。船山以為陰陽二氣各以其功能以成性成形化育萬物，萬物之個體雖有區別，然又有其相似之處，是以萬物各有其獨特之性情功效，然又具有陰陽二氣流行之共通性。

凡卦有取像於物理人事者，而乾坤獨以德立名，盡天
下之事物，無有像此純陽純陰者也。陰陽二氣氤氳於
宙合，融結於萬匯，不相離，不相勝，無有陽而無陰，
有陰而無陽，無有地而無天，有天而無地。故周易並
建乾坤為諸卦之統宗，不孤立也。然陽有獨運之神，
陰有自立之體，天入地中，地函天化，而抑各效其功
能。故伏羲氏於二儀交合以成能之中，摘出其陽之成
像者，以為六畫之乾，而文王因係之辭，謂道之元亨
利貞者，皆此純陽之撰也；摘出其陰之成形者，以為
六畫之坤，而文王因係之辭，謂道有元亨利牝馬之貞
者，惟此純陰之撰也；為各著其性情功效焉。然陰陽
非有偏至之時，剛柔非有偏成之物。故周易之序，錯
綜相比，合二卦以著幽明屈伸之一致。乾坤並立。[30]

引文中船山即說道《易》中本有六十四卦，其意原象徵著六
十四類之人事情狀。然唯獨「乾坤」二卦，與其他六十二卦
在本質上有所不同。乾陽與坤陰之卦，在船山看來乃為伏羲
氏所淬鍊而出之兩項純理，而其餘之六十二卦，則是由文王
以乾陽坤陰二氣之交感神化[31]，所分別制定之語言涵義。[32]是

---

30 王夫之，《周易內傳》，頁 26。
31 「感者，交相感；陰感於陽而形乃成，陽感於陰而象乃著。」王夫之，
《張子正蒙注》，頁 13。劉滄龍先生即補充道：「陰陽二氣是易的兩
體，兩者雖然異質而相對，但能交相感應以生成萬物。在氣的交感思
維中，個體雖然都獨特相異，但是並不封限在自己生命的內部，而是
願意讓自己與他者構成內在交感相通的共在關係，這不是互相限定的
決定性關係，而是在開放的感通中一方面有所限制，另一方面則在互
為內在他者的關係中成為自己。」劉滄龍，《氣的跨文化思考──王

以船山言：「《周易》並建〈乾〉、〈坤〉於首，無有先後，天地一成之象也。無有地而無天、有天而無地之時，則無有有〈乾〉而無〈坤〉、有〈坤〉而無〈乾〉之道，無有陰無陽、有陽無陰之氣，……無陽多陰少、陰多陽少。」（《張子正蒙注》頁 243）當純陽與純陰之理所絪縕之二卦，其關係為平等而相即，並非為孤立相待。乾陽與坤陰同時生成，並體而立，陽不孤陽，陰必與其同時並立；陰亦不孤陰，陽必與之同時並立。[33]天地萬物即藉由乾之創造性與坤之保聚性合其兩端而一致[34]，以各著其性情功效，乾陽與坤陰兩端之性為

船山氣學與尼采哲學的對話》（臺北：五南圖書出版股份有限公司，2016），頁 8。

32 「《周易》並建乾、坤為太始，以陰陽至足者統六十二卦之變通。古今之遙，兩間之大，一物之體性，一事之功能，無有陰而無陽，無有陽而無陰，無有地而無天，無有天而無地。」王夫之，《周易內傳》，頁 9。

33 「《周易》首乾坤，而非首乾也。」王夫之，《周易外傳》，頁 216。而周敦頤言：「『大哉乾元，萬物資始』，誠之源也。『乾道變化，各正性命』，誠斯立焉。純粹至善者也。……元亨，誠之通；利貞，誠之復。大哉《易》也，性命之源乎！」董金裕，《周濂溪集今註今譯》（臺北：臺灣商務印書館股份有限公司，2011），頁 7。船山雖如宋儒周敦頤以氣詮釋《周易》，然其並未以乾道之流行為詮釋，而是主張「乾坤並建」。

34 「天下之變萬，而要歸於兩端。兩端生於一致，故方有『美』而方有『惡』。方有『善』而方有『不善』。據一以概乎彼之不一，則白黑競而毀譽雜。聖人之『抱一』也，方其一與一為二，而我徐處於中；故彼一與此一為疊，乃知其本無疊也，遂坐而收之。疊立者『居』，而坐收者『不去』，是之謂善爭。」清·王夫之，《老子衍　莊子通　莊子解》（北京：中華書局，2014），頁 5-6。船山指出人處之生活世界中，有著許多對立之價值觀，而這些對立之價值觀，實然源自於「道」。是以其主張人必須抱一以超越兩端。曾昭旭先生即補充道：「其精神則無非是說明兩端之性雖分析地對立，卻是辯證地全具於每一真實存有之中。……推而廣之，更可以有種種不同的概念設計，而

天道之合撰，此兩者氣化交感而後，即可呈現真實無妄之
道。[35]

　　然我們要進一步追問的是，既然「乾坤二卦」兩端之性
為完全相融為一，為何其他六十二卦所見之陰陽皆非全具之
六陰六陽呢？見船山言：

> 《易》之乾坤並建，則以顯六畫卦之理。乃能顯者，
> 爻之六陰六陽而為十二，所終不能顯者，一卦之中，
> 嚮者背者，六幽六明，而位亦十二也。十二者，象天
> 十二次之位，為大圓之體。太極一渾天之全體，見者
> 半，隱者半，陰陽寓於其位，故轂轉而恆見其六。乾
> 明則坤處於幽，坤明則乾處於幽。《周易》並列之，

要之是每一成對的概念，都是其一指涉形而上的道，其一指涉形而下
的器，如性情、理氣、新物、義理之性與氣質之性、道心與人心、道
與物、言與意、空與色相等等。而理論的推展，則目的一在於在價值
上釐訂二者的本末關係（形上之道為本、形下之器為末），二在於存
在上說明二者之相融相即為一體。」曾昭旭，《良心教與人文教：論
儒學的宗教面相》（臺北：臺灣商務印書館股份有限公司，2003），
頁 97。林安梧先生亦補充道：「天下的變化雖然極為雜多，但當我們
說變化時實已寓含了一經常不變之道以為對比，否則亦不能顯示出變
化，於是我們可以將天下的萬變推而為『常』『變』兩端，而常變是
相依待而成的，常中有變，變中有常，兩端歸為一致，一致即含兩端。」
林安梧，《王船山人性史哲學之研究》（臺北：東大圖書股份有限公
司，1987），頁 89。換言之，船山以為世間之價值就表面言之看似對
立，然就根源而言並無絕對性之衝突。而聖人抱持著道，是故能超越
世間之種種衝突，而使天道獲得開顯。

35「太極者乾坤之合撰，健則極健，順則極順，無不極而無專極者也。」
王夫之，《周易外傳》，頁 140。

示不相離，實則一卦之嚮背而乾坤皆在焉。非徒乾坤
為然也，明為屯、蒙，則幽為鼎、革，無不然也。[36]

又言：

陰陽之撰各六，其位亦十有二，半隱半見，見者為明，
而非忽有，隱者為幽，而非竟無。天道人事，無不皆
然，體之充實，所謂誠也。十二位之陰陽，隱見各半，
其發用者，皆其見而明者也。時有偶值，情所偶動，
事所偶起，天運之循環，是物之往來，人心之感應，
當其際而發見。故聖人設筮，以察其事會情理之相赴，
而用其固有之理，行其固然之素位，所謂幾也。幾者
誠之幾，非無其誠，而可有其幾也。是則爻見於位者，
皆反其故居，而非無端之忽至矣。[37]

引文中船山即說道凡卦均有六陰六陽之十二爻。顯於畫卦者
有六，未顯於畫卦者亦為六，人僅見位於顯處之六爻，無法
見背面幽隱之六爻，是以〈乾卦〉之六畫陽爻乃居於顯位、
六畫陰爻居於隱處而為坤。各個卦之顯隱、幽明、嚮背雖有
不同，然彼此卻是兩端相互而合一完整之卦體。至於〈屯〉
〈蒙〉為二陽四陰之卦，二陽四陰為外顯者，另有四陽二陰
隱於幽處，即〈鼎〉〈革〉二卦；〈需〉〈訟〉與〈晉〉〈夷〉
也互為顯隱嚮背之關係，觀其餘各卦無不兼具此種「十二位

---

36 王夫之，《周易內傳》，頁 239。
37 王夫之，《周易內傳》，頁 112。

陰陽嚮背、半隱半現」之性質，故而有所分別。職是此故，其即據以此全具合顯隱二者之六陽爻六陰爻共十二爻，以詮釋天道之全體。[38]是以天道即是以乾之創造性與坤之保聚性所構成也，此即為充實之體，亦即真實無妄之誠體。[39]乾坤以其純而不雜之健順之德以開展其餘之六十二卦，天地萬物皆以此充實之體而開展，而由於天地萬物在陰陽二氣之構成上有所當位不當位之不同，是以天地萬物有了形質之差異[40]。

---

[38] 「船山以太極為真實具體存在的宇宙生命體，此生命體若以『卦』之形式來姑且表示或象徵，那便是由六陽六陰的十二爻所構成的完整卦體。此卦體涵具二德，便是由直貫地發用創生來說『乾』(創生原則、始條理))，以及由架構地累積成體說『坤』 (凝成原則、終條理)。而乾坤實為一體 (體用不二，只是說的方向不同)，所以乾卦的六陽背後隱有六陰，坤卦的六陰背後也隱有六陽，乾坤兩卦實為一完整卦體的互為隱顯的兩面，乃用來象生命之純德者。其他六十二卦才是象本體發用開展的諸般現象。」曾昭旭，《存在感與歷史感：論儒學的實踐面向》(臺北：臺灣商務印書館股份有限公司，2003)，頁 4。

[39] 「以天道言，則唯有一誠，而明非其本原。以人道言，則必明善而後誠身，而明以為基，誠之者擇善而固執之。」王夫之，《讀四書大全說》，頁 136。又言：「『誠』者天之道，而聖人不思不勉而中道，則亦曰誠，是聖人與天而通理也。『誠之』者人之道，而擇善固執則誠乎其身，是賢人與聖而同德也。故分之則有異名，而合之則為一致。」清・王夫之，《四書訓義》，《船山全書》第七冊 (長沙：嶽麓書社，2011)，頁 187。船山以為「誠」乃人之仁義禮之性，乃透過「明」而發用之。就天道言，誠為體；就人道言，明為「誠」之用，是以兩者各有效用而又相互依存。然若明離開誠則成為浮明。浮明即為虛妄，而非真實。

[40] 「情之不能不任罪者，可以為罪之謂也。一部《周易》，都是此理。六陽六陰，才也。(言六者，括百九十二。)陽健、陰順，性也。當位、不當位之吉、凶、悔、吝，其上下來往者情也。(如泰、否俱三陰三陽，其才同也；以情異，故德異。)然在人則為功為罪，而不可疑天地之化何以有此，以滋悔吝之萌。天地直是廣大，險不害易，阻不害簡，到二五變合而為人，則吃緊有功在此。故曰『天地不與聖人同憂』。慕天地之大而以變合之無害也，視天地之化，同萬物以情者，

而「幾」語出《周易・繫辭傳下》。[41]船山以為人唯有透過「反身立誠」[42]後之「誠之幾」，方為真實無妄之存在。而人與天地萬物之意義價值即在每一個當下臻於圓滿。

天地之仁也；異人之性與才於物者，天地之義也。天地以義異人，而人恃天地之仁以同於物，則高語知化，而實自陷於禽獸。此異端之病根，以滅性殞命而有餘惡也。」王夫之，《讀四書大全說》，頁 680-681。唐君毅先生即補充道：「情才原於性理之表現於氣，氣固或未能自開通而不表現理。然此『不表現』，只就其本身言，亦不是惡。唯此氣既表現理以成情才，情才之流行，有其方式，而此方式或特定化、機械化，以使氣成為習氣，而後來之情才之表現，更夾雜此已往之積習以俱流；氣乃不免於錮蔽而自塞，遂與天地間其他人物之氣之表現流行——即其他人物之情才之表現互相阻滯，乃有惡。」唐君毅，《中國哲學原論・原性篇》，頁 509-510。船山憂人若任憑情欲橫流，則人與禽獸無異，進而喪失了天所賜予人之使命與意義。

41 「幾者動之微，吉之先見者也。」王夫之，《周易內傳》，頁 323。關於「幾」，船山即說道：「蓋性，誠也；心，幾也。幾者誠之幾，而迨其為幾，誠固藏焉，……然在誠則無不善，在幾則善惡歧出，故周子曰『幾善惡』。」王夫之，《讀四書大全說》，頁 715。船山即言所謂先天之性、氣稟、外物皆無不善，惡之根源乃為「物之來幾與吾之往幾之不相應」。唐君毅先生即指出：「惡乃為存在於一人之情才之表現，與其他人物之情才之表現之相交接，而或相於阻滯之『關係』上，亦即其所謂人之陰陽之氣之變合之差。」唐君毅，《中國哲學原論・原性篇》，頁 508。又有言：「言人之不善，不可歸於氣稟、……而唯可歸之於緣物來觸、來取、而搖氣搖志之動，與由此而成之習。……故不善之緣，不在內之氣稟與情欲本身，亦不在外物本身；唯在外物與氣稟與情欲互相感應一往一來之際，所構成之關係之不當之中。」唐君毅，《中國哲學原論・原教篇》，頁 577。惡之產生，即是人之氣稟與外物之幾相感應後所產生之情不當其時、不當其地，此情即是不善之幾，即產生惡。

42 「若『反身而誠』，合外內之全德也。靜而戒懼於不睹不聞，使此理之森森然在吾心者，誠也。動而甚於隱微，使此理隨發處一直充滿，無欠缺於意之初終者，誠也。外面以好以惡，以言以行，乃至加於家國天下，使此理洋溢周徧，無不足用於身者，誠也。三者一之弗至，則反身而不成也。」王夫之，《讀四書大全說》，頁 603-604。船山以為之反身而誠者，乃人存主於內之仁義禮能使古今中外一切事理具

是以船山之「乾坤並建」之義蘊，實則為創造與保聚之
原則並重，為人立於天下之大用二也。[43]最後見其在《周易
外傳・序卦傳》中，詳細地說道：

> 乾坤並建而捷立，《周易》以始，蓋陰陽之往來無淹
> 待而向背無吝留矣。故道生於有，備於大，繁有皆實
> 而速行不息。太極之函乎五行二殊，固然如斯也。……
> 是故六陰六陽，十二皆備，統天行地，極盛而不缺。
> 至純而奠位以為之始，則萬物之生，萬物之化，質必
> 達情，情必成理，相與參差，相與夾輔，相與補過，
> 相與進善，其情其才其器其道，於乾坤而皆備。仰無
> 不生，無不有，而後可以為乾坤。……陰陽各六，具
> 足於乾坤，而往來以盡變。……《周易》者，順太極
> 之渾淪，而擬其動靜之條理者也，故乾坤並建而捷立，

創生性，篤實會通於心，發之於外則能使內具之仁義禮流行於天下以
建立人道，是以內外相合、存真去偽、動靜一貫皆真實而無妄，變化
而不息也。船山所言之「思誠」即是擇善固執地貞定天地萬物之存在
意義，而使天地萬物皆成為真實之存在。

43 「夫天下之大用二，知、能是也；而成乎體，則德業相而一。知者天
事也，能者地事也，知能者人事也。今夫天，知之所自開，而天不可
以知名也。今夫地，能之所已著，而不見其所以能也。……此則天成
乎天，地成乎地，人既離之以有其生而成乎人，則不相為用者矣。……
而夫人者，合知、能而載之一心也。故曰『天人之合用』，人合天地
之用也。」王夫之，《周易外傳》，頁135-136。船山將「乾陽之氣」
詮釋為「知」，即通理之意；「坤陰之氣」詮釋為「能」，即行具體
之理以成物。天地萬物皆因此二氣之良能而成乎萬化，而人亦秉持此
二理為用，以立人道之極。曾昭旭先生即補充道：「人之所以能成其
德業，乃在分體乾坤二純理而用之不雜；……船山所以主乾坤並建為
大宗之意，乃在為人道而明辨理。」曾昭旭，《王船山哲學》，頁67。

以為太始，以為成物。資於天者皆其所統，資於地者
皆其所行。……故陽節以六，陰節以六，十二為陰陽
之大節，而數皆備；見者半，不見者半，十二位隱見
具存，而用其見之六位。彼六位之隱者亦猶是也，故
乾坤有嚮背，六十二卦有錯綜眾變而不捨乾坤之大宗，
闔於此闔，闢於此闢。……雖然，博觀之化機，通參
之變合，則亦非無條理之可紀者也。故六十四卦之相
次，其條理也。非其序也。夫一闔一闢而情動，則皆
道之不容已，故其動也極而正，不極而亦正。因材以
起萬變，則無不正者矣。乾坤極而正者也。六十二卦
不極而亦正者也。何也？皆以其全用而無留無待者並
建而捷立者也。[44]

引文中船山即從實有全具之天道，進而言一切落於人生活世
界中，充塞天地之間之事物之錯綜萬變之現象，並非只是虛
妄之呈現[45]，渾淪全具之天道，整部《周易》之義蘊，即在

---

44 王夫之，《周易外傳》，頁 213-214。
45 「天下惟器而已矣。道者器之道，器者不可謂之道之器也。無其道則
無其器，人類能言之。……無其器則無道，人鮮能言之，而固其誠然
者也。」王夫之，《周易外傳》，頁 169。又言：「統此一物，形而
上則謂之道，形而下則謂之器，無非一陰一陽之和而成。盡器，則道
在其中矣。」清‧王夫之，《思問錄》，收入於明‧黃宗羲，清‧王
夫之，《黃梨州王船山書》（臺北：世界書局，2015），頁 29。船山
以為「道」與「器」皆為一陰一陽之氣所構成，是以船山言：「道以
陰陽為體，陰陽以道為體，交互為體，終無有虛懸孤致之道。」王夫
之，《周易外傳》，頁 69。戴景賢先生即補充道：「所謂『道』、『器』
之稱，本緣於人之議論而生，其實皆是所以指稱此實然存在之
『體』；……故『道』、『器』之稱，雖隨人擬議之異而所指不同，

乾坤二氣並建而捷立之一動一靜、一闔一闢、主持分劑之調和下，無所滯留之展現。[46]是以船山言：「天地以道而流形，……道有居靜而不遷者，貞萬古而恒奠其所有；有居動不滯者，無瞬息之暫有所停。」[47]天地萬物之生成變化與人事之灑掃應對進退，即在此至純之乾坤二氣之大化流行下，情才器道，皆能變化日新，互相包容、互相參透、互相統一。[48]亦由此乾坤二氣之至健至順之氣化流行，以通於天下無窮

於體則並無可分。」戴景賢，《王船山學術思想總綱與其道器論之發展》下編（香港：中文大學出版社，2013），頁 2。人所處之生活世界中，充滿著諸多具體之事物，而道即蘊含在其中，道器合一。

46 「太極動而生陽，動之動也；靜而生陰，動之靜也。廢然無動而靜，陰惡從生哉！一動一靜，闔闢之謂也。由闔而闢，由闢而闔，皆動也。廢然之靜，則是息矣。『至誠無息』，況天地乎！『維天之命，於穆不已』，何靜之有！」王夫之，《思問錄》，頁 2-3。又言：「動而不離乎靜之存，靜而皆備其動之理，敦誠不息，則化不可測。」參見氏著，《張子正蒙注》，頁 95。又言：「『一』『一』雲者，相合以成，主持而分劑之謂也。無有陰而無陽，無有陽而無陰，兩相倚而不離也。隨其隱見，一彼一此之互相往來，雖多寡之不齊，必交待以成也。一形之成，必起一事；一精之用，必載一氣。……此則分劑之之密，主持之之定，合同之之和也。此太極之所以出生萬物，成萬理而起萬事者也，資始資生之本體也，故謂之『道』」王夫之，《周易內傳》，頁 284。唐君毅先生即補充道：「惟以天地萬物皆以乾坤為期運而成易，易不息而乾坤不裂，故整個宇宙為真正之動而無息者，可名之為一絕對之流行，一絕對之動。而相對之動靜，則涵於此絕對之動中，以成就此絕對之動者。絕對之動者，一動一靜、一闔一闢之更迭而無窮之一動也。」唐君毅，《中國哲學原論・原教篇》，頁 530。船山之義理強調「動」之絕對性，然其亦無只注重「動」，而偏廢「靜」。實則為「動靜相涵」，動與靜互相依存而相待。而唯有動靜相涵，才能真實體現動乃不息之意。

47 清・王夫之，《四書訓義》，《船山全書》第七冊（長沙：嶽麓書社，2011），頁 583。

48 「易者，互相推移以摩盪之謂。《周易》之書，乾坤並建以為首，《易》之體也；六十二卦錯綜乎三十四象而交列焉，《易》之用也。純乾純

無盡之理，使理之意義能得以彰顯。是故無論人所處之生活世界中之現象為顯為隱（六十二卦之陰陽錯綜），無論現象如何之變化，仍不會因為其變化流行之諸多雜象而成妄，進而虧其全體，一切現象之變化皆據於此真實之天道而不妄。曾昭旭先生即補充道：「無論何時何地，雖當前只有一幾發見，而實則宇宙之全體即於此一己而具在。此即船山『乾坤並建』說之最深義蘊。」[49]是以船山言：「自人而言則見為妄，自天而言，……則為理之所不妄。」[50]天地之間所有事物現象，即因乾坤並建之無留無待之全體大用，在每一個時刻地點皆成為完整而真實之存在。而人亦可盡自我之性之同時，真實體現「天人合一」之感[51]，進而臻於「天德流行境」[52]。

坤，未有易也；而相峙以並立，則易之道在，而立乎至足者為《易》之資。屯、蒙以下，或錯而幽明易其位，或綜而往復易其幾，互相易於六位之中，則天道之變化、人事之通塞盡焉。」王夫之，《周易內傳》，頁 7。曾昭旭先生即補充道：「這些語句固然可以視作一宇宙論來理解，其實也可以純視之為一種道德經驗的表達方式，而後者無寧更能相應於中國哲學的實踐性格。」曾昭旭，《在說與不說之間——中國義理學之思維與實踐》（臺北：漢光文化，1992），頁 60。

49 曾昭旭，《王船山哲學》，頁 63。

50 王夫之，《周易內傳》，頁 118。

51 「蓋以天有全象，事有全理，而人之用之者但得其半。天道備而人用精，是以六爻之中，陰陽多寡即就此往復焉，則已足備一剛一柔之用，善一進一退之幾，成一仁一義之德矣……知其異乃可以統其同，用其半即可以會其全。」王夫之，《周易內傳》，頁 350。船山以為人能透過乾坤並建、兩端一致之義理，進而使自我之生命獲得完整，以恢復人與天道真實無妄、不息不已之貫通感，並盡性立命，安頓自我之身心。

52 「天德流行境，又名盡性立命境，於其中觀性命界。此要在論儒教之盡主觀之性，以立客觀之天命，而通主客，以成此性命之用之流行之大序，而使此性德之流行為天德之流行，而通主客、天人、物我，以超主客之分者。」參見唐君毅，《生命存在與心靈境界》上冊（臺北：

第四節　結　論

　　經由上文作者之梳理，我們可知船山義理中之易學著重「乾坤並建說」，其所言之「氣」是由本貫末，即氣即理，即道即器之兩端而一致之真實存在。而全具之真實無妄之天道，即在創造性之乾陽之氣與保聚性之坤陰之氣之二氣化育流行不息至健至順之往來、屈伸、聚散、幽明之無窮之義，落實於人之生活世界中而立義矣。[53]若乾坤毀，則《周易》之義蘊無所開展[54]，人文化成之功業，亦無建立之可能。「船山治《易》除重視卦畫的陰陽結構外，更重視爻畫陰陽的動態歷程；以卦畫之陰陽結構明事物的體性，以陰陽之動態歷程說明事物的變化。」[55]是以船山言：「乾坤並建，為《周易》之

臺灣學生書局，2006），頁 51。又言：「此儒家之思想，要在對於人當下之生命存在，與其當前所在之世界之原始的正面之價值意義，有一真實肯定，即順此真實肯定，以立教成德，而化除人之生命存在中之限制與封閉，而銷除一切執障與罪惡所自起之根，亦銷化人之種種煩惱苦痛之原。」唐君毅，《生命存在與心靈境界》下冊，頁 158。

53 「曰往來，曰屈伸，曰聚散，曰幽明，……倘如散盡無餘之說，則此太極渾淪之內，何處為其翕受消歸之府乎？又雲造化日新而不用其故，則此太虛之內，亦何從得此無盡之儲，以終古趨於滅而不匱邪？」王夫之，《張子正蒙注》，頁 7。

54 見船山言：「『乾坤毀則無以見《易》。』不見《易》者，必其毀乾坤者也。……故乾坤並建，以統六子，以涵五十六卦之大業，唯《周易》其至矣乎！」王夫之，《周易外傳》，頁 140。

55 楊自平，〈王船山《周易內傳》解經作法析論〉，《鵝湖學誌》39（2007.12）：162。

綱宗。」[56]「乾坤並建」，乃為《周易》之核心義蘊。此亦為
作者所下之篇名之旨趣。

最後，見船山言：

> 盈天地之間皆器矣。器有其表者，有其裏者，成表裏
> 之各用，以合用而底於成，天德之乾、地德之坤，非
> 其緼焉者乎？是故調之而流動以不滯，充之而凝實而
> 不餒，而後器不死而道不虛生。器不死，則凡器皆虛
> 也；道不虛生，則凡道皆實也。……故合二以一者，
> 既分一為二之所固有矣。是故乾坤與《易》相為保合
> 而不可破。[57]

引文中船山即說道人與若欲與天道同流行之，只能在具體之
器之中見道。器雖然有表有裏，然乾坤二氣都蘊涵於具體之
器之中，亦即乾德之創造至健，不會虛散成妄；坤德之保聚
日新，不會滯於其形，而人與天地萬物皆在此動態之二氣流
行中兩端相即於一，見天德之流行，日新而豐富之實義也。[58]

---

56 王夫之，《周易內傳》，頁239。
57 王夫之，《周易外傳》，頁168-169。
58「今真欲說明此日新而富有之義，便宜歸在此乾坤並建，乾繼坤，坤
　亦自寄於乾之說。乾繼坤，而坤德亦日以新；坤更寄於乾，而乾德亦
　日以富。……來者之往繼，即往者之開來，而迎來者以使之生；往者
　之寄於來者，亦即來者之既送往，而亦迎往以相與成。……與此陰陽
　乾坤之德，乃時在日新中，一切生人之命之性之德之道，亦時在日新
　之中，以益歸於富有之實意者也。」唐君毅，《中國哲學原論・原性
　篇》，頁516。

第三章　論王船山詮釋視域下《大學》的「內聖」、「外王」觀

第一節　前　言

　　眾所周知，《大學》之義理在儒家哲學史中，具有獨特且重要之地位，而其中所言之「內聖」、「外王」觀，亦為儒家哲學史上一重大之論題。不論身處什麼時代，儒者之終極目的皆是如何安立天下，而安立天下之途徑即是有內聖修德工夫擴充至外王經世之功業。職是此故，身處明清鼎革之際之王船山，在經歷喪國之痛的情境下，以為聖學不再。是以船山抱以「內聖」與「外王」之義理旨趣，通過其詮釋視域重新詮釋經典，論述儒家聖學之大義，以回應時代課題之需求。

　　誠如季蒙先生所言：「王夫之的基本理學思想，都集中在其四書學中。」[1]船山對於宋明思想之反省與批判，主要集中於《四學》中。是故研究船山對於《四書》之詮釋，具有研究之意義價值。而近十年來，學界通常將船山《大學》之研

1　季蒙，《主思的理學──王夫之的四書學思想》（廣東：廣東高等教育出版社，2005），頁 1 。

究視域聚焦在「格物致知」與「明德新民」之論辯上，孫欽香先生在〈王船山對儒家政治哲學的反思與重建——以「理一分殊」重釋《大學》「明德與新民」關係〉中指出：「在船山看來，《大學》「明德」與「新民」的關係應該是「理一」而又「分殊」。換言之，修己與治人之關係可用「理一分殊」來表述」[2]；而在另一篇文〈王陽明、王船山《大學》詮釋的比較研究——以新民和格物致知詮釋為中心〉中則指出：「王船山也承認致知工夫有其獨立性，但與陽明取消格物工夫而偏重致知工夫還是有原則性區別的。因此可以說，王船山對陽明心學的批判和指正是其一生學問思想的一貫立場，也體現船山學之嚴肅和不苟」[3]；蔡家和先生在〈王船山論《大學》的格物致知——以《讀四書大全說》為中心〉中指出：「《大學》部分，且重點放在「格物致知」上，因為格物致知義是朱子學的重點，……有人區分程朱與陸王之不同，認為是「道問學」與「尊德性」之不同。」[4]然上述學者對於船山的「內聖」、「外王」觀，留下了許多尚待解釋之空間。誠如勞思光先生言：「船山以其實在論觀點建立其形上學及宇宙論，其根本旨趣仍在『內聖外王』。」[5]職是此故，我們要在此進一

2　孫欽香，〈王船山對儒家政治哲學的反思與重建——以「理一分殊」重釋《大學》「明德與新民」關係〉，《江蘇社會科學》5（2019.9）：187。

3　孫欽香，〈王陽明、王船山《大學》詮釋的比較研究——以新民和格物致知詮釋為中心〉，《貴陽學院學報(社會科學版)》4（2014.8）：33。

4　蔡家和，〈王船山論《大學》的格物致知——以《讀四書大全說》為中心〉，《中央大學人文學報》47（2011：7）：52。

5　勞思光，《新編中國哲學史》三上（臺北：三民書局，2019），頁644。

步追問的是：身處明清鼎革之際的船山，為解決時代課題所不得不對以往諸儒所詮釋之經典有所揀擇與反省的同時，對於儒家傳統「內聖」、「外王」之詮釋視域是否有其他儒者有不同之處？

是故，基於上述之動機，本文試圖立足於王船山詮釋視域內在之脈絡，通過對其相關重要概念之分析辯證，以揭示船山詮釋視域下對於《大學》之「內聖」、「外王」觀之旨趣，給上述問題一個較為合理之解釋。而本文之文獻以《讀四書大全說》、《四書箋解》、《四書訓義》為主要限定範圍，並在相關議題上旁引船山的其他著作以茲作為於研究船山詮釋視域下〈大學〉中「內聖」、「外王」觀之意義價值。以下即依上述架構，逐步展開疏解。

第二節　王船山詮釋《大學》之進路

眾所周知，船山並未有針對《大學》之專著，而是以詮解之方式進行梳理，主要有以下書目：在《四書稗疏》中《大學》之音義；《四書箋解》中《大學》之部分共一卷　；《讀四書大全說》中《大學》之部分共一卷；《禮記章句》第四十二卷論《大學》；《四書訓義》中收《大學訓義》共一卷。

在上述這些不同之書目中，我們可見船山詮釋《大學》之進路主要乃針對於陸王心學之批判，以及對程朱理學之承繼。值得一提的是，許多學者注意到船山在不同之著作中，對於程朱理學雖多有所承繼；然在義理之要緊處，卻又不吝

批評程朱理學。會有如此特殊之詮釋現象，有學者將其理解為因船山詮解成書年代之不同，「對朱子的推崇更加明顯。這說明船山前後對《大學》的認識還有一個過程。」[6]換言之，即是根據船山著作之順序年代，作為對於原作者之詮釋視域之發展或轉變之理解。[7]然我們若細查船山對於其他著作之詮解便可發現，船山在不同之著作中，乃針對該著作之立論重心而有不同之立論形式。如船山在《讀四書大全說》中之詮解，多有批判程朱視「惻隱」為情，以為「『情不可以為惡』，只緣誤以惻隱等心為情，故一直說煞了。」[8]。然在《禮記章句》中，船山選擇的是朱子改本之「新民」，而非古本中之「親民」，且在此書中，隨處可見對於陸王心學之批判，卻未見對於程朱理學之批評。據此可知，船山之學術立場乃是因為「著作體例與主旨的不同，以及在具體語境中作者論辯對象與立論重心的差異，也是造成作者在不同著作中觀點有別的原因。」[9]是以我們可知，船山注疏引義之旨趣，乃在於隨文以引申而互有異同，故我們不能據某一本書或成書之年代，斷定船山之整體義理。

---

6 塗耀威，〈反思與重建──學術史視野下的王船山《大學》研究〉，《船山學刊》1（2009.1）：13。
7 戴景賢亦有類似觀點，只是戴先生更強調船山學本有的「批判性質」與義理內部的「動態主義」。詳細論述可參戴景賢，《王船山學術思想總綱與道器論之發展》上編（香港：香港中文大學出版社，2013），頁 1-103。
8 清・王夫之，《讀四書大全說》（北京：中華書局，2011），頁 678。
9 陳明，〈「修己」與「治人」──王船山對《大學》義理的重構與發展〉，《儒家典籍與思想研究（第二輯）》（北京：北京大學《儒藏》編纂與研究中心，2010），頁 625。

　　然我們在此須提出一個疑問：究竟船山在詮釋諸經之學術立場為何呢？我們可就《張子正蒙注‧序論》中見其自言：

> 宋自周子出，而始發明聖道之所由，一出於太極陰陽
> 人道生化之終始，二程子引而伸之，而實之以靜一誠
> 敬之功。然遊、謝之徒且岐出以趨於浮屠之蹊徑，故
> 朱子以格物窮理為始教，而檠括學者於顯道之中；乃
> 其一再傳之後，流為雙峰、勿軒諸儒，逐跡躡影，沈
> 溺於訓詁，故白沙起而厭棄之，然而遂啟姚江王氏陽
> 儒陰釋誣聖之邪說；……而以充其無善無惡、圓融理
> 事之狂妄，流害以相激而相成，則中道不立，矯枉過
> 正有以啟之也……使張子之學曉然大明，以正童蒙之
> 志於始，則浮屠生死之狂惑，不折而自摧。[10]

船山於此自序中表露其對於經典詮釋之五個基本態度：一即為斥佛老義理之空幻，「皆自欲弘者；無一實之中道。」[11]以正儒家之聖學；二是警告學者「不可泥文句而執為次序。」[12]反對儒學僅淪為訓詁考證、紙上空談，缺乏實踐理論之工夫；三是嚴詞批判陸王心學「倡狂之言，正告天下而無復慚愧。」[13]所造成之流弊；四是船山尊濂溪、二程與朱子為儒家義理

10　清‧王夫之，《張子正蒙注》（北京：中華書局，2011），頁 2-4。
11　王夫之，《張子正蒙注》，頁 135。
12　王夫之，《讀四書大全說》，頁 443。
13　清‧王夫之，《搔首問》《船山全書》第十二冊（長沙：嶽麓書社，2011），頁 649。必須說明的是，船山在此批評的其實是王龍溪與李贄——陽明後學「現成派」所造成的流弊。而船山對於陽明心學之義蘊是否真有深究；亦或著僅是簡化了陽明心學之義理，此非本文所欲討論之問題。

之正學，批評二程與朱子之傳人溺於佛老或流於瑣屑；五是肯認橫渠之功，「豈非疏瀹水之岐流，引萬派而歸墟，使斯人去昏墊而履平康之坦道。」[14]為整個宋明理學中最體貼先秦孔孟思想之人。由上述五點我們亦可得出一個結論：船山嘗試在程朱理學與陸王心學之外另闢蹊徑，是以視船山張載為典範，「神契橫渠，羽翼朱子，力辟陸、王。」[15]出入心、理、氣學，對於不同學派之立基點及論述脈絡相容並蓄的資取，此即為船山在註解諸經之基本學術視域。

　　在理解船山註解諸經之基本學術視域後，我們便可明白，船山在詮釋《大學》時，何以選擇的是朱子之「改本」，而非「古本」之理由：

> 自姚江王氏者出，而《大學》復亂。蓋其所從入，……故以《章句》八條目歸重格物為非，而不知以格物為本。……王氏之徒特未之察耳。若廢實學，崇空疏，蔑規矩，恣狂蕩，以無善無惡盡心意知之用而趨入無忌憚之域，則釋氏之誕者固憂為之，奚必假聖人之經傳以為盜竽乎？[16]

船山堅定捍衛朱子之改本之原因乃在於當時便有諸多之版本流傳於民間，且《禮記》本身即有錯簡之問題，而程朱重新

14　王夫之，《張子正蒙注》，頁 4。

15　徐世昌，《清儒學案》（北京：中華書局，2008），頁 369。

16　清・王夫之，《禮記章句》，《船山全書》第四冊（長沙：嶽麓書社，2011），頁 1467-1468。

疏通經文之條文次序，有助於士人理解《大學》作者之原義。船山以為陽明違背了《大學》本有之修養工夫次序，若僅是強調致知之「不學不慮」先天現成良知，卻忽略格物之「能學能慮」，後天下學上達，就船山之詮釋視域而言，此並非為《大學》之本義。

綜上所述，雖然我們無法據某一本書或成書之年代，斷定船山之整體義理。然我們可以根據船山的五種基本學術詮釋視域，而這五種基本學術視域亦影響船山對於《大學》之詮釋。對於身處明清鼎革之際之船山而言，「以『文化的反省』和『正統的重建』為主要特徵，可以視為這一反思和轉向時代的開端的代表。」[17]其對於宋明理學家們做出一種批判的總結，其目的在於重新探討與回歸先秦孔孟「肯定世界」[18]之真精神。

第三節　格物與致知之內聖觀

朱子將《大學》從《禮記》中獨立而出，其旨趣在於為提供進德修業的一條門徑，而船山亦肯定朱子之功而有言：「《大學》一篇，乃是指示古之大學教人之法，初終條理一貫

---

17 陳來，《詮釋與重建：王船山的哲學精神》（北京：生活・讀書・新知三聯書店，2010），頁 21。

18 勞思光先生言所謂「肯定世界」，其意義就是建立一種斷定，認為人當前面對之世界，乃可以成為合理者，即理有在此世界中實現之可能。並指出宋明儒者雖然對於肯定世界之論說有三種不同立場，然卻都是試圖在此世界中實現此理。勞思光，《新編中國哲學史》三上，頁 77。

之大旨，非夫子始為是書建立科條，以責學者。」[19]然船山對於朱子極為重視外窮物理之事，則抱持批判之態度：

> 只下學處有聖功在，到上達卻用力不得。……乃朱子抑有『忽然上達』之語，則愚所未安。……朱子於〈大學補傳〉亦雲：「一旦豁然貫通焉。」，「一旦」二字亦下得驟。……「忽然上達」，既與下學打做兩片，上達以後，便可一切無事，正釋氏「磚子敲門，門忽開而磚子無用」之旨。……聖人之上達，不得一旦忽然也，明矣。[20]

船山批評朱子將下學與上達「打做兩片」，似有流於佛老義理之嫌，以為上達之後，便可一切無事。然就船山之視域而言，「知道者明德新民底全體大用，必要到此方休。」[21]所謂格物下學、反己自修之事，乃為證體之工夫，亦為達用之事業，「上達」必是在「下學」中用力。在步步格物窮理之過程中，亦有心之德性本知之覺照發用；在時時存養本心之體證中，亦有物理知識之積累。格物窮理即是德性本知之開展必有之事，物理之知是心性本體實現其道德性於生活世界必有之用，至此物理之知方不再僅為體證本體之「敲門磚子」。

復次，船山並不認同陽明與朱子及其後學對於《大學》工夫先後之詮釋，諷刺性的說道：

---

19 王夫之，《讀四書大全說》，頁5。
20 王夫之，《讀四書大全說》，頁419-420。
21 王夫之，《讀四書大全說》，頁7。

> 若說在致知前，則已能誠意，何待致知？若說在致知
> 後，則豈致知時任其意之惡而不慎，直待知致後方去
> 慎獨？……其蠢至此，可笑可恨。……而慎獨自別有
> 加謹之功，則不可以知已致而忽於慎。且知無盡者也，
> 愈致而愈精，則慎獨之功愈加密。故致知誠意俱是通
> 梢一樣工夫，格物正心修身無不皆然，有何前後之有，
> 而盲人獨相爭不已，豈不哀哉！[22]

對於船山詮釋視域而言，「《大學》一書，自始至終，其次第節目，統以理一分殊為之經緯。」[23]是以學者爭論著格物、致知、誠意、慎獨等工夫次序之前後，就如同盲人爭路一樣，所知有限卻無法旁通，坐井觀天而自得意滿，數十年來只惹得貽笑大方。船山認為，致知、誠意、格物、正心、修身等等皆僅為兩端而又一貫之工夫，實為功用相資，當兼修並行，內外交相，有因果之關聯。《大學》一書自始至終的思想架構，其旨趣在「其教同也，其學同也，則其本同也：修身而已矣。」[24]是以工夫何者為先、何者為後，「次序」並非其中最關鍵之旨趣。

　　然我們於此既要提出一個疑問，就船山看來《大學》之工夫既為一貫，那是否即無分別呢？

---

22 清・王夫之，《四書箋解》載於《船山全書》第四冊（長沙，嶽麓書社，2011），頁114。
23 王夫之，《讀四書大全說》，頁49。
24 清・王夫之，《四書訓義》，《船山全書》第七冊（長沙，嶽麓書社，2011），頁50。

> 天下豈有欲為孝子者，而癡癡呆呆，將我與父所以相
> 親之故去格去致，必待曉得當初本一人之身，而後知
> 所以當孝乎？即此一事求之，便知吾心之知，有不從
> 格物而得者，而非即格物即致知審矣。[25]

船山以「致知與格物非一事」批評朱子「格物、致知只是一
事」，就如同釋父子同為一氣，是一人分成兩個，由此言人倫
事物之理，格之則知道所以父慈子孝全都因一氣，如此迂誕
鄙陋全指向外求之謬誤詮解令人難以接受。父子之間之親親
相處之道，絕非簡單之格其物即可致得其所知之理，此親親
之理涉本為吾新可知，並非依靠格物之外在認知之進路方可
識得。相反，而是致知之內在認知之進路方能。職是此故，
我們可以由此而知，在船山之義理中，格物與致知並非為單
純之直線式關係，彼此仍有其相應之事之認知取向。是以，
格物與致知仍必須區分為二，否則「功用既一，又雲『致知
在格物』，則豈可雲格物在格物，致知在致知也。」[26]不僅語
義不詳，且就義理而言亦有瑕疵。是以「對於格物與致知二
者不同的功用辨之甚詳，但在格物致知與知性的關係上，王
夫之把格物與致知作為一個範疇來看，它們合起來，作為一
個知性的媒介。」[27]格物與致知，不可視其為一，亦不可截
開為二，格物致知乃為兩端而一致。

---

25 王夫之，《讀四書大全說》，頁 10。
26 王夫之，《讀四書大全說》，頁 10。
27 張學智，〈王夫之的格物知性與由性生知〉，《北京大學學報（哲學
　　社會科學版）》3（2003：5）：49。

職是此故，船山認為如此視格物與致知為兩個工夫，方為《大學》之原意：

> 知至者，「吾心之全體大用無不明」也。則致知者，亦以求盡夫吾心之全體大用，而豈但於物求之哉？……規矩者物也，可格者也；巧者非物也，知也，不可格者也。巧固在規矩之中，故曰，「致知在格物」；規矩之中無巧，則格物、致知亦自為二，而不可偏廢矣。[28]

船山所謂之知至乃致知之工夫達成之狀態，亦即達至清楚明瞭之境。是以格物到致知甚至是知至並非一蹴可幾，格物之後是物格，物格後是致知，致知後方為知至。且船山指出：「天下之物無涯，吾之格之也有涯。吾之所知者有量，而及其致之也不復拘於量。」[29]天下之事物乃無窮盡之時，是以人之格至所得受限。格物之事就是指心、耳、目均用，學問、思辨為主，而這樣的基本知能擁有了則是「知至」。格致僅為入門之方法，其目的是在於「吾心之全體大用無不明」。

船山接著舉《孟子》做為例子，以辯證格致之不同。其指出格物與致知之差異，前者所格之物即如工具般之具體事物，可透過感官經驗獲取其知識，後者所言致之知即如工匠師傅之技巧，乃須經長期經驗之積累，亦即須要自我領會的。析言之，我們格物之對象乃可通過經驗感知，而致知之對象

---

28 王夫之，《讀四書大全說》，頁 11。
29 王夫之，《讀四書大全說》，頁 11。

雖是以格物為基礎，然以格物為基礎並不意謂便可無須作致知之工夫，而是須透過心官之思辨以求其通貫，故致知是著重在自我之體悟，與格物不同。職是此故，「格物與致知，一而二，二而一，『二』指兩者為不同的工夫；『一』指工夫八條目都是一貫，一能合異。」[30]是以就船山之詮釋視域而言，「夫知之方有二，二者相濟也。」[31]格致工夫兩者不可偏廢。

最後，我們仍須提出一個疑問，究竟在船山詮釋視域中，「格物」與「致知」之工夫如何體現：

> 大抵格物之功，心官與耳目均用，學問為主，而思辨為輔，所思所辨者皆其所學問之事。致知之功則唯在心官，思辨為主，而學問輔之，所學問者乃以覺其思辨之疑。[32]

船山指出學問與思辨是二回事，且分別對應於格物與致知，格物須用心、用耳目觀察，以知識為基礎不斷反思辨別，其所重視對於外在事物的客觀把握，戮力於知識上不斷擴充；致知須用心感通辨別，我們積累的知識學問在此僅為輔助解決辨別上的作用。致知著重在內，觀主體本身自覺。職是此故，船山強調面對生活情境時，我們所面對之事物有不同之

---

30 蔡家和，〈王船山論《大學》的格物致知——以《讀四書大全說》為中心〉，《中央大學人文學報》47（2011：7）：64。

31 清‧王夫之，《尚書引義》（北京：中華書局，2011），頁66。

32 王夫之，《讀四書大全說》，頁12。

境況，此當下須以耳目感官與心互為其用，使人在處事上能有遵循之原則，而非僅依靠耳目感官所得之知識即可，否則心官之思亦將無所用處。

綜上所述，船山詮釋視域下《大學》中之內聖之道，船山所言之「格物」與「致知」，非絕對以外在事物為探求作為目的，亦非絕對內在體悟為旨趣。在船山詮釋視域下，格物致知必須是使人能藉由自我修養達到真正至善之境地，以達內聖之旨趣。

第四節　明倫與經世之外王觀

眾所周知，由於宋明儒在儒家傳統內聖之層面不斷地受到佛、道兩家之衝擊，是以十分積極建構心性論、天道論以道德為基礎抗衡異學。然船山並不僅以內聖工夫為滿足，「必要此由內聖透達到外王之道德事業全面實現，始為善之圓成。」[33]其必要求外王之實現，「『外王』者、外而達於天下，則行王者之道也。王者之道、言非霸道。此一面足見儒家之政治思想。」[34]進而協助世人改善國家社會、百姓經濟生活之制度，建構世風良善之社會：

> 在昔隆古之代，敦醇厚而尚廉恥，其風俗之美，良有
> 以致之矣。君誠淨其心以無欲，而施下者皆愛養之德，

---

33 曾昭旭，《王船山哲學》（臺北：里仁書局，2008），頁 169。
34 牟宗三，《心體與性體》（一）（臺北：正中書局，2012），頁 4。

> 則上下相親而孝友淵睦之化自廣，莫不仁矣。君誠好
> 義以無私，而施之下者皆裁制之宜，則名節素定而正
> 大直方之化自成，莫不義矣。[35]

就船山詮釋視域而言，古代社會之所以敦厚廉恥，世風良善，乃因為政者清心寡欲，有德於心，並「繇有此明德，故知有其可致而致之」[36]，施政於下而裁制之宜；在下位者深感其受，亦能效法在上者之心，進而感通擴充於他人，使上下彼此皆能互有感通，如此即能使國家社會自然流行德化之風。亦正如船山言：「新民者固原本於已明之君德，而必加之以齊治平之功。」[37]新民之根基乃據君王之明德為本，而新民亦與明德理一。在上位者治理國家之最終目的在於教化人民、感通人心，使人民風俗醇美，不能僅以法令規章之行政方式去實施，而是以鼓舞人心之方，此即為船山之理想世界。

然船山亦清楚現實世界經世之複雜性進而指出：「儒者任天下事，有一大病，將平日許多悲天憫人之心，因乘權得位，便如鬱火之發於陶，迫為更改，只此便近私意，而國體民命，已受其剝落矣。」[38]析言之，世儒以為只要悲天憫人之心即可，殊不知要具體實踐王道仍須有具體之規劃、制度。職是此故，船山提出對如何實踐外王之道之總綱：「聖人經世之道，制治於未亂，保邦於未危，無他，明倫以立綱

---

35 王夫之，《四書訓義》，頁 495。
36 王夫之，《讀四書大全說》，頁 2。
37 王夫之，《讀四書大全說》，頁 49。
38 王夫之，《讀四書大全說》，頁 400。

紀之原,而禮樂刑政,皆由此出,則久安長治,而立國於不傾。」[39]船山主張所謂外王之根基乃在於明人倫制綱紀、各司其職,以立天下之禮樂刑政,如此國家即可安治,人民亦可得到安養。

「先王通人情、酌中道以致久行遠。」[40]此即為船山外王之道之總綱而又可分立為兩端。然我們要進一步追問的是,究竟如何具體實踐船山所謂之「外王」之道,船山「人君愛養斯民之道有三:一曰置恆產;二曰裕民力;三曰修荒政。」[41]我們可以分為「明倫」與「經世」兩個面向而論。

首先談船山詮釋視域下所謂「明倫」,船山指出世風之所以淪喪,乃因「大學之教不行,師儒之傳各異,異端之說爭鳴而學校壞。」[42]是以若欲使儒家聖學得以體現,世風得以醇美,船山指出須使人民明瞭人倫義理,以起人文化成之功效:

> 先王知道之明與不明存乎教,而民之仁與不仁因乎士。……於鄉則設庠、序、校焉,於國則設學焉,……庠者,以養老為主,示民孝也;校者,以比德比藝為經,勸民行也;序者,以觀德興能為義,示民禮也。至於學,則貢士興焉,胄子肄焉,天子諸侯親焉,教

39　王夫之,《四書訓義》,頁 704。
40　王夫之,《讀四書大全說》,頁 577。
41　王夫之,《四書訓義》,頁 39。
42　王夫之,《四書訓義》,頁 311。

　　　　必備而道必隆。……無非以興起夫尊親序別之心，而
　　　　順成其孩提稚長之能，明此人倫而已。[43]

船山特別重視庠序之教以達性日生成，學校教育之目的非在
外在知識之積累；而是在於世人對道德倫理之重視。對於陷
溺於習氣中之世人，可通過接受教育從習氣中逐漸脫離出來，
興起世人尊親序別之心。並進而朝著聖賢境界不斷邁進。職
是之故，在船山詮釋視域下，辦學之旨趣乃以明人倫綱常為
首要目的。面對習氣充斥之社會風氣，船山試圖以人文化成
之視域從學校教育展現本具之仁心、尊奉人倫綱常，再到愛
敬大行，重視通過禮樂教化以扶正世道人心，所謂「三綱五
常者，禮之體也；忠、質、文者，禮之用也。所損益者固在
用，而用即體之用，要不可分。」[44]倫理不紊亂，則人倫得
以立。此亦即為《大學》中由修身、齊家、達至天下之一貫
性，即通過自身之仁心仁性擴充至人倫之序最終推廣為天下
安立之必然之理。

　　復次，則見船山外王之經世面，所謂「民者，國之本也，
產者，心之本也。」[45]就船山詮釋視域而言，若欲使民心安
定，首要之方式即是要置民恆產，「無恆產而身不安者心不
固。」[46]如能使人民衣食無缺，滿足人民基本生存之需求，
則國家自然會安定。職是此故，船山提出土地非為天子所有，
而是歸於民有：

43　王夫之，《四書訓義》，頁 315-316。
44　王夫之，《讀四書大全說》，頁 221。
45　王夫之，《四書訓義》，頁 85。
46　王夫之，《四書訓義》，頁 312。

> 若土,則非王者之所得私也。天地之間,有土而人生
> 其上,因資以養焉。有其力者治其地,故改姓受命而
> 民自有其恆疇,不待王者之授之。……其始也以地制
> 夫而夫定,其後則唯以夫計賦役而不更求之地,所以
> 百姓不亂而民勸於耕。[47]

就船山之詮釋視域而言,「地之不可擅為一人有,……天無可
分,地無可割,王者雖為天之子,天地豈得而私之。」[48]析
言之,土地之擁有者並非為君主一人之獨有;而是在於廣大
之人民。是故,不應將土地視為君王授權於人民之財產;而
是有其力者治其地,君王應將土地重新分配給人民,使人民
耕者有其田,保障人民私人財產與權益,進而能自耕自入,
「人可有田而田自均矣。」[49]真正達到安養人民之目標。

　　船山除了針對土地提出見解,其對於經濟貿易,亦有主
張:

> 夫四海之內,有分土而無分民,商旅行焉,以通天下
> 之貨賄,可無用關也。而古之為關者,以非常之變,
> 恐為行者之害,而譏察之以使無變,所以止暴而安商
> 也。乃今之為關也,則暴君斂之,汙吏侵之,姦民因
> 起而刻削之,刑罰日加,爭奪日甚矣,暴虐商旅而已
> 矣。[50]

---

47 清・王夫之,《噩夢》載於《船山全書》第十二冊(長沙,嶽麓書社,
　 2011),頁 551。
48 清・王夫之,《讀通鑑論》中冊(北京:中華書局,2015),頁 392。
49 清・王夫之,《宋論》(北京:中華書局,2015),頁 218。
50 王夫之,《四書訓義》,頁 910。

船山主張應免去無謂的關稅壁壘，在先秦時期而言，設立關卡之目的在於保障商旅之安全。然就船山看來，現行之關卡卻成為貪官汙吏苛刻人民之暴政。是以船山認為免除關稅，保障商旅貿易之自由，方能「通市以無所隱，而視敵國之民猶吾民也，敵國之財皆吾財也，……利於國，惠於民，擇術之智，仁亦存焉，善謀國者，何憚而不為也？」[51]通過改善制度，保障人民自由貿易之權利，保護商業發展，從而解決人民生活之困境，並積累國家之財富。

綜上所述，船山詮釋視域下《大學》中之外王之道，除了要求君王重視人民之教化，重視尊親序別，除去不好之習氣，以正社會之風俗；亦重視滿足人民之基本需求與欲望，尊重人民自主自養。「船山於政治之本在道德與文化，……而政治之目的，在使社會上之──人民各得其安頓，而非君主之一人。」[52]其欲通過辦學使民明人倫綱常與經世實學之兩端，建制有秩序、人文化成之世界。

第五節　結　論

綜上所述，本文以王船山詮釋視域下《大學》「內聖」與「外王」觀為論述之中心，並經由以上之辯證詮釋、比較分

---

51 王夫之，《讀通鑑論》下冊，頁 868。
52 唐君毅，《中國哲學原論・原教論》（臺北：臺灣學生書局，2004），頁 648。

析，大體可以對船山之詮釋視域，能有一個較完整之理解與疏解。

　　對於船山之詮釋視域而言，其對於經典詮釋之五個基本態度，可看出反陸王，修正程朱，尊橫渠之立場。而在此立場下，船山所謂之「內聖」與「外王」之道從來就不是次序先後之問題；而是彼此相涵互攝，兩端而歸於一致，這一致即是「至善」。

　　船山欲藉由通過詮釋《大學》，重新闡發先秦孔孟道統之延續，並強調「天下所極重而不可竊者二：天子之位也，是謂治統；聖人之教也，是謂道統。」[53]明確表明中國文化中「治統」與「道統」並行之重要性，除了制度一套使國家社會得以安定之秩序外，並使儒家義理中強調道德實踐對人之生命意義上達之工夫得以安立。誠如唐君毅先生所言：「承宋明如重內聖之學之精神，而及于外王，……為船山可當之耳。」[54]船山通過重新詮釋《大學》之「內聖」、「外王」觀以重構儒家經世致用之學，亦承繼儒家義理之精神方向。

　　希冀透過拙作對於船山詮釋視域下《大學》的「內聖」、「外王」觀之旨趣，能有較為透徹之把握。

---

53 王夫之，《讀通鑑論》中冊，頁 362。
54 唐君毅，《中國哲學原論‧原教論》，頁 515。

第四章　論王船山詮釋視域下《中庸》的「君子」觀

第一節　前言

在中國明清鼎革之際中的有許多儒者感念國破家亡，試圖通過反省批判並重新詮釋宋明理學以救當時社會限於流俗之弊，而王船山即為當時其中之一。船山欲通過重新詮釋各家經典之途徑，反思時代之困境，並予以做出回應。

由於船山著作宏富，而亡佚者亦復不少，船山雖遍注群經，然身為儒者之船山，自然仍是以四書為主要詮釋對象。船山之《四書》學，並非專為訓詁考據《四書》而作；而是藉由《四書》以建立其自己的思想體系。

目前學界對於船山《中庸》之討論，大抵集中在「天道」與「性命」之心性學之上。如陳來先生在《詮釋與重建：王船山的哲學精神》一書中即有相關討論。[1]或討論船山如何進行《中庸》之詮釋工作，解頡理先生與曾振宇先生在《王船

---

1 陳來，《詮釋與重建：王船山的哲學精神》北京：生活・讀書・新知三聯書店，2014 年，第 91-125。

山《中庸》詮釋特點析論》一文提出四個船山詮釋《中庸》之特點。[2]上述學者之討論皆有其精闢之處。然船山作為一個前朝遺民，從讀經以濟世、出仕為國到隱入山林，並以詮解經典為其生命之使命。此生命歷程乃中國士人們在內聖與外王間之掙紮，職是此故，在船山之詮釋視域下，宋明理學所言之性理，唯有落實在具體情境下並通過內在修養工夫之實踐與外在禮樂制度之教化方具有意義，進而能立君子之道。

　　李長泰先生曾在《王船山的君子至德取向與問學工夫芻議——以船山對《中庸》第二十七章的詮釋為中心》一文中指出君子可通過內在修養工夫以至德。[3]然對於船山而言，若我們若欲立君子之道，僅言內在修養工夫是不夠的，仍須通過人文教化，立己而能立人。職是此故，我們要進一步追問的是，究竟在船山詮釋視域下《中庸》之君子觀如何得以立？

　　是故，基於上述之動機，本文試圖立足於王船山詮釋視域內在之脈絡，通過對其相關重要概念之分析辯證，以揭示船山詮釋視域下對於《中庸》之「君子」觀之旨趣，給上述問題一個較為合理之解釋。以下即依上述架構，逐步展開疏解。

2　解頡理、曾振宇，〈王船山《中庸》詮釋特點析論〉，《煙臺大學學報(哲學社會科學版)》2（2010：4）：11-16。

3　李長泰，〈王船山的君子至德取向與問學工夫芻議——以船山對《中庸》第二十七章的詮釋為中心〉，《船山學刊》3（2010：7）：5-8。

第二節　「君子」觀之根源：天命

「天命」思想一直乃船山學說中特別重要且突出之概念。船山在早年時，「生初有天命，向後日日皆有天命，天命說生初有天命，向後日日皆有天命，天命之謂性，則亦日日成之為性，其說似與先儒不合。今讀朱子『無時而不發現於日用之閒』一語，幸先得我心之所然。」[4]意思是指其在早年為《周易》、《尚書》注疏時便已有「性日生日成」之見解。是以若我們要討論船山之「君子」觀，必須連著「天命」合而論之，如此什麼是「天命」呢：

> 自天之與人者言之則曰命，自人之受於天者言之則曰性。命者，命之為性；性者，以所命為性。本一致之詞也。而自君子言之，或曰性，或曰命，有異詞焉。蓋君子之辨之也精，而持之也正矣。[5]

從天賦予之面向而言即是命，從人稟受之面向而言即是性，命與性乃唯一體之兩端。人稟受的天命之性，並非形軀生成後即固定，而是在生活世界中，天道隨時會昭示面對人生命境域之應然之理於人之本性，人亦每天於性中彰顯此理而實

---

4 王夫之，《讀四書大全說》（北京：中華書局，2011），頁 13。
5 王夫之，《四書訓義》，載於《船山全書》第七冊（長沙：嶽麓書社，2011），頁 932。

現出來，使性的內容逐步擴大、充實豐富。是故，就船山之
詮釋視域中，所謂「天命之謂性」乃是「性出於天。人無不
生於天，則性與生俱生，而有一日之生，則一日之性存
焉。」[6]船山認為人之性，除了理之外還包含形氣，是理氣
合一的性，包含不變的理與變化的命兩面，「凡氣皆有理
在，則亦凡命皆氣而凡命皆理矣。」[7]是以天所賦予人之仁義
禮智，亦須曲折於日用人倫之中而發用。是故船山將人之性
視為具動態性不停變動流行之存在，天道性理亦唯有落實在
生命具體之境域下方具有意義。

　　船山強調「性」會隨著習慣、環境或修養工夫的變化，
而跟著轉變：

> 天命之謂性，命日受則性日生矣。目日生視、耳日生
> 聽、心日生思，形受以為器，氣受以為充，理受以為
> 德，取之多、用之宏而壯；取之純、用之粹而善；取
> 之駁、用之雜而惡；不知其所自生而生。是以君子自
> 彊不息，日乾夕惕，而擇之、守之，以養性者也。於
> 是有生以後，日生之性益善而無有惡焉。[8]

人之性在最初受命於天時，乃為仁、義、禮、智之根源，然
人之性並非一成不變；而是隨著「形日以養，氣日以滋，理

---

6 王夫之，《四書訓義》，105 頁。
7 王夫之，《讀四書大全說》，頁 335。
8 王夫之，《尚書引義》（北京：中華書局，2011），頁 56。

日以成」[9]而有所變化。天道之生化不息,其時時命之,人亦時時受之,其變化乃包括人為與天命兩者。而性之內容,亦因隨人所處境遇之變化而有所轉變,此時人所稟之性已非初稟之性。是故人之行為可能因見聞之偏限或外在環境之影響下,而形成不良之習氣。性命雖日受日生,然我們卻不能認為人皆能保持住日生之性。所謂「既生以後,刻刻有所成。」[10]就君子風範之養成而言,「性貴於養而期其成,而所以貴者貴於擇之精而執之固。若一任其自然,則其所性必有君子之所勿性焉者。」[11]只有人能決定自身將呈現何種人格風範、決定自身生命境界之上達或陷溺。

　　職是此故,我們可以說「人性未成而待成,具體說,人性有待於一個人去成就自己。……一個人終其畢生,都對成就自性担有不可讓渡的責任。」[12]對於理想德性人格的追求歷程,面對所遭遇之種種境遇,個人所做出的選擇亦是天命的內在趨力,亦即為天命之性之深層含義。「天命」乃為具德性的君子之根源所在:

> 天之與人者,氣無閒斷,則理亦無閒斷,故命不息而性日生。學者正好於此放失良心不求亦復處,看出天

9　王夫之,《尚書引義》,頁55。
10　王夫之,《讀四書大全說》,頁360。
11　錢穆,《中國近三百年學術史》(臺北,臺灣商務印書館股份有限公司,1995),頁110。
12　劉梁劍,《王船山哲學研究》(上海:上海人民出版社,2016),頁66。

命於穆不已之幾，……；而君子所為「不遠復，無祇悔」，以日見天心、日凝天命，亦於此可察矣。[13]

人之性因生命之存在而始終保有。且因性即是理，理又與氣不離，故言性、言理必得依於氣而言之。職是此故，天之氣流行不已，且為萬物生命之根源，是以只要人之生命尚有存在之日，天便會隨時下貫性命於人，直至人生命終了為止。天與人之間，乃為理與氣之流行與不間斷，是以天命不停息，而人日日受命，其性便日生日成。天與人之間並非斷裂為二，或者主從之關係。[14]然船山認為儘管人之性就日生日成之觀點而言，「在天之天『不貳』，在人之天『不測』也。」[15]若人未能加以實踐存養擴充之工夫，只恃天生本具之性而後天缺乏主動修養學習，則無論此性是如何與天之內涵相同，對人於內聖之修養、外王之事功皆難以成其效。是故人唯有體悟此天命流行不已之理，理解承受與轉化這種關係，在不斷地自我努力終而上達至天德之境，於此天道之流行下貫於日用人倫之道德實踐當中，體現君子風範之當下亦能豁顯天道之廓然大公。

然我們仍要進一步追問的是，就船山詮釋視域而言，君

---

13 王夫之，《讀四書大全說》，頁 685。
14「船山學的詮釋起點是人，因為惟有人是天地之心，人才具有理解及詮釋的能力，由理解、詮釋而批判、創造，人開創了一個寬廣的歷史天地。」林安梧，《王船山人性史哲學之研究》（臺北：東大圖書股份有限公司，1987），頁 1。船山言天與人之關係，其關注重點在於「人」，以人為體，以人上達理想人格為用。
15 王夫之，《讀四書大全說》，頁 627。

子之風範為何？為什麼如此重視？

> 與君子處，則好君子之好，惡君子之惡。與小人處，
> 則好小人之好，惡小人之惡。又下而與流俗頑鄙者處，
> 則亦隨之以好惡矣。故友善士者，自鄉國天下以及古
> 人，所謂「以友輔仁」也，謂引吾好惡之情而擴充吾
> 善善惡惡之量也。[16]

人因受如同瘴氣般之習氣所蔽，久而久之使本有之性有所陷
溺，而流於末俗，而君子能里仁為美，擴充自我之仁心仁性
並進而以友輔仁，使人所處之社會免於流於末俗。是以君子
自能分辨習氣如瘴之中人，「其見為必然而必為，見為不可而
不為。」[17]然中瘴者其性發於情所產生之意，完全無感於自
己之，更不知引自己陷溺之偏見而以為戒，甚至「樂得而稱
之。」[18]是故無自知性之人皆是因其有習氣而無法彰顯自我
之性。先天之天命明德需要後天之人為努力加以落實與體
現。如是人若能「矜其自為而望其改，其聽惡人之言而效之，
則深惡而痛絕之。」[19]據此加以內在之修養而進一步開展禮
樂化成，本具人之性之天命導引人主動修養與學習，以期能
防止不良形氣之形成，進而能以德性化成君子之風範，使整
體社會風氣皆能向上提昇，以達成其心目中之盛世。

---

16 黃宗羲，王夫之，《俟解》，載於《黃梨州王船山書》（臺北：世界
　　書局，2015），頁15。
17 王夫之，《俟解》，第18頁。
18 王夫之，《俟解》，第2頁。
19 王夫之，《俟解》，第19-20頁。

　　綜上所述，就船山之詮釋視域而言，《中庸》一書內容即是在聖人立教使君子修道之仁有方向與目標，而能自知人道之重要性，進而能領會「人之天」[20]之義蘊。先天之天命仍尚待後天之人為努力落實與體現。人自覺體認生命之深層意義與崇高價值，據以先天之善在平時主動存養擴充以盡性至命，以期能在每個臨事境遇之當下作好道德價值之決斷，終而能體現「天人相接續之際，命之流行於人者也」[21]之境。

第三節　「君子」觀的內在修養
——存養察識

　　在上一節我們論述在船山詮釋視域下《中庸》的「君子」觀之根源來在於人本具之先天天命。然我們要進一步追問的是，君子之風範要如何體現呢？我們可就船山「兩端而一致」之思維方式[22]，見其將君子之養成分為內在修養與外在化成，而本節先談內在修養之功：

---

20 「君子之道乃是即天地自然之秩序以成其道德秩序之謂。此經過人之文化衣被而成就之道德秩序，即謂之人之天也。」曾昭旭，《王船山哲學》（臺北：里仁書局，2008），頁 182。

21 王夫之，《周易內傳》（北京：九州出版社，2010），頁 284。

22 船山以為世間之價值就表面言之看似對立，然就根源而言並無絕對性之衝突。而聖人抱持著道，是故能超越世間之種種衝突，而使天道獲得開顯。人以辯證式之對話或互動，將兩端合於一致，此辯證之過程即意謂著兩端乃為一同存在，而此存在乃是須透過動態之方式得以流行呈現。詳細之討論可參拙作《儒家義理輔導學之建構——以王陽明

> 天命之人者為人之性，天命之物者為物之性。今即不
> 可言物無性而非天所命，然盡物之性者，亦但盡吾性
> 中皆備之物性，使私欲不以害之，私意不以悖之，故
> 存養省察之功起焉。[23]

人之性乃天命落在人身上而言之，天命落在物上就是物之性。而唯有人能有意識地體察天命，進而以道德工夫實踐。[24]實踐之具體方式即為「存養其性，省察其情。」[25]是以天命必在人之道德工夫實踐中方得以展現。

復次，船山指出君子之培養，亦賴於「存心養性」之功：

> 初入門人，謹言以存心，是泝末反本之事。成德之
> 後，心無不存，而為自難、言自訒，是自然氣象。若
> 仁者之實功，則雲「為之難」足矣，加以存心，則又
> 是捷徑法矣。[26]

與王船山義理中的意義治療為核心開展》（臺北：文史哲出版社，2020），頁 37-40。

23 王夫之，《讀四書大全說》，頁 65。

24 「在人言人，在君子言君子。則存養省察而即以盡吾性之中和，亦不待周普和同，求性道於貓兒狗子、黃花翠竹也。」王夫之，《讀四書大全說》，頁 66-67。船山義理承認人與天地萬物皆是天所命而成之，然當命凝成為性時則有不同。而唯有人可存養省察、盡己之性，並非求與天地萬物等同，知曉貓狗花草之性。

25 原句為「既存養以盡性，亦必省察以治情，使之為功而免於罪。……省察者，省察其情也，豈省察性而省察才也哉？」王夫之，《讀四書大全說》，頁 679-680。

26 王夫之，《讀四書大全說》，頁 65。

船山通過比較初學者與成德之後二者對於謹言慎行之不同，論述人存心養性後之狀態。初學者須謹言慎行，以存養本有之心性，久而久之自然能言謹行正，達至存心成效之自然狀態。析言之對已成德之君子而言，謹言慎行是存心養性後之自然心態。然如何達到此自然現象？船山指出仍在於初學時能否隨時要求自言謹行正。職是此故，船山雖強調以言行謹慎以存心養性乃是由末返本之事，存心是本，謹言是末，彼此實為相輔相成之關係，兩端歸於一致。

　　然我們要進一步追問的是，究竟該如何實踐「存養其性」以達君子之境界呢？

> 存者，存其理也，存學、問、思、志所得之理也。若空立心體，泛言存之，既已偏遺仁之大用，而於鳶飛魚躍、活潑潑地見得仁理昭著者，一概刪抹，徒孤守其洞洞惺惺、覺了能知之主，……若能於此四者用功，不即與事物俱流，而實以與萬事萬物成極深研幾之體，則心之所存，皆仁之所在，必不使一念之馳於仁外矣。……雲「所存」者，即存仁也，存仁之顯諸事理者也，存夫所學所志所問所思之擇乎仁而有得者也。[27]

27　王夫之，《讀四書大全說》，頁 490-491。

由學問思辨加以涵養之理，即為「存理」，然船山並非要求人存個虛空之心，亦非泛泛地存心；而是須存仁義之心，「不是只存個能知、能識、以了、以別的靈明之心，存的乃是本性仁義之心；養性，也不是只養得知覺作用之性，養的乃是生生之理發不容已之性。存養本心，是在求得心之仁性，求仁乃得仁，不求則不得；並非只存個知覺之心，便能得仁。」[28] 析言之，人若能存養擴充自我之心性使其不陷溺，便可使仁義之理長存不失。當人與外物相感通時，遂皆可恰如其理。是故對於船山而言，要使自我之心在面對與外在事物之感通過程中不輕易捨離仁義禮智之理，有賴於平時便積極努力培養自我之博學切問，以面對外在境遇之存養工夫。如此一來，一旦面臨應事接物之際，便可以依據性理而動，進而針對人所感通事物一一給予合乎情理之決斷裁成。由此可知，天命凝於人，「於命而一本，凝之為性而萬殊。在人言人，在君子言君子。則存養省察而即以盡吾性之中和。」[29]人平時所存之仁義之理若紮實而渾厚，則隨處皆可體現天理之流行，並透過心之存性，而使仁義之理長存於心。

　　復次，我們接著論述「省察其情」之功：

> 君子之存養，乃至聖人之敦化，胥用也。已發之中，無過不及以為體，而君子之省察，乃至聖人之川流，胥用也。未發未有用，而君子則自有其不顯篤恭之

---

28 陳祺助，《王船山「道德的形上學理論」之開展》（高雄：麗文文化事業股份有限公司，2012），頁 101。

29 王夫之，《讀四書大全說》，頁 66-67。

> 用。已發既成乎用，而天理則固有其察上察下之
> 體。……故中庸一篇，無不緣本乎德而以成乎道，則
> 以中之為德本天德，而庸之為道成王道，天德、王道
> 一以貫之。是以天命之性，不離乎一動一靜之間，而
> 喜怒哀樂之本乎性、見乎情者，可以通天地萬物之
> 理。[30]

船山將中由已發、未發的觀點上區分，已發之中以無過不及
為體，未發之中以不偏不倚為體，故凡言「中」皆為體。前
者「已發之中」為君子所存養，後者「未發之中」為君子所
省察，君子存養省察，聖人敦化川流，皆是道德之全體大用。
是以所謂「君子之道，則自於己性上存養者仁義禮知之德，
己情中省察者喜怒哀樂之則。」[31]人之視聽言動，乃為自然
之起，而人可以於意念方動時，省察當下接人處事之情境是
否合乎天理，隨即省察而覺不安，並觸類旁通。若然，則「情」
即隨順「性」而合於天理之流行。職是此故，船山指出欲為
君子者，關鍵即在於是否能知性以盡性，存其性審其情以起
人文化成之用。

綜上所述，就船山詮釋視域而言，「外境之足以奪心，非
境能奪我也。」[32]不論人所處之境是貧困亦或是安逸，皆當
積極於平日靜時存養仁義，於情欲之動而省察其動。君子之
學本即漫長且艱辛之進程，存心養性乃為道德實踐的根本工

---

30 王夫之，《讀四書大全說》，頁61。
31 王夫之，《讀四書大全說》，頁101。
32 王夫之，《四書訓義》，頁358。

夫，而君子之道首重正本，本正則末治；治末非但不能反其本，且末亦不可治。職是此故，「存養為聖學之本，而省察其加功，固有主輔之分。」[33]存心養性乃人在未發之中時須先致力之工夫，若無先行確立仁義之理，積累道德開展之動力，雖是知其善與不善之別，然人臨事應物亦無法如理進行道德實踐之實功，。因此，就人之道德實踐而言，二者實必須相互為濟，缺一不可。是以船山所謂「天下之大本達道即此而在，則君子之存養省察以致夫中和也，……中庸之道，……一篇之旨，盡於此矣。」[34]為起心性存養之成效，於心性有所存養，於情之發之不正而有所省察，而人之有性，乃君子成德之依據所在，亦為人禽之辨之大別者，通過挺立君子風範進以化成此生活世界，亦是體現《中庸》中本蘊之旨趣。

第四節　「君子」觀的外在化成 ——禮樂教化

　　上文我們論述了船山詮釋視域下「君子」觀的內在修養之工夫乃是通過自我存養察識以進而挺立君子之風範。然此工夫依舊僅為個人修身之事。誠如唐君毅先生所言：「恭敬之心，辭讓之心，人皆有之……然不見於具禮儀威儀之實事，

33　王夫之，《禮記章句》，《船山全書》第 4 冊（長沙：嶽麓書社，2011），頁 1250。
34　王夫之，《讀四書大全說》，頁 77-79。

則不足以化民成俗。……終只為主觀精神，而不能成客觀之
共同之精神表現。……船山則正能處處扣緊氣之表現，以言
禮意者也。」[35]析言之對於船山而言，君子如何通過自身之
修養進而擴充至天下以教化人倫，乃是《中庸》之要旨。職
是此故，船山進而提出君子之外在化成以立人道之極：

> 自其德之體用言之，曰中庸；自聖人立此以齊天下
> 者，曰教。自備之於至德之人者，曰聖人之道；自凝
> 之於修德之人者，曰君子之道。要其出於天而顯於日
> 用者，曰禮而已矣。故禮生仁義之用，而君子不可以
> 不知天，亦明夫此為中庸之極至也。[36]

在船山之詮釋視域中「禮」之地位相當重要。「在船山看來，
《中庸》正是對聖人修道立教之事與君子修德凝道的具體方
法進行詳細地解說。」[37]船山對「禮」之重視，實根源於重
視「以脩夫禮儀威儀之道，而凝之以待行焉」[38]的思想。禮
樂乃為道體性體落於氣上而言之乃外在客觀化之體現。聖人
依天理立禮樂制度，而君子依此禮樂制度修養自身。然因應
不同之歷史環境之因素，「禮」之表現形式亦有所改變，須要
隨時代背景之不同而有所發展修正而日漸豐富。由於「禮」

---

35 唐君毅，《中國哲學原論‧原教篇》（臺北：臺灣學生書局，2004），
　　頁 637。
36 王夫之，《讀四書大全說》，頁 71。
37 陳明，〈「修天德」以「成王道」──王船山對《中庸》義理的疏解
　　與闡發〉，《中國哲學史》4（2011：11）：82。
38 王夫之，《讀四書大全說》，頁 173。

包含主觀精神與客觀表現兩面，船山不僅將「禮」視成表面儀節，其更強調「禮」對人之心有著潛移默化之作用。心與禮是交互涵養、相輔相成，故「禮」必不可廢。在客觀之禮樂制度中，有天命道德灌注其中，而禮樂制度既出自天命道德之要求，即不會陷於流俗。禮樂制度之開展即為天道凝為人道之結果。

　　復次，船山對於「樂」之觀點，亦是從儒家道德教化之視域而論之：

> 天地之生，聲也、色也、臭也、味也、質也、性也、才也，若有定也，實至無定也；若有涯也，實至無涯也。唯夫人之所為，以範圍天地之化而用之者，則雖至聖至神、研幾精義之極至，而皆如其量。聖者之作，明者之述，就其量之大端，約而略之，使相葉以成用，則大中、至和、厚生、利用、正德之道全矣。其有殘缺不修，紛雜相間，以成乎亂者，皆即此至簡之法不能盡合耳。故古之作樂者，以人聲之無涯也，則以八音節之，而使合於有限之音。……數可循，度可測，響可別，目得而見之，耳得而審之，心得而知之，物可使從心以制，音可使大概而分，其不細也，乃以不淫人之心志也；過此以往，奚所用哉？[39]

船山不僅將「樂」視為演奏技巧或感官享受而已。其認為「樂」的義理旨趣即在化繁為簡，如天道之「一」貫通龐雜

39　王夫之，《讀通鑑論》下冊（北京：中華書局，2013），頁968-969。

世界之「多」。「以簡馭繁」之原則不只用於音樂，亦為自然
與人事的根本道理，而船山進而指出「合其倫理，審其通變，
以徵其心政，唯君子能之。」[40]船山認為天地之間之聲色臭
味乃無窮無盡的，若人僅研究音律之複雜變化，此僅會造成
擾亂人之心志之情況。聖人作樂乃出於道德教化人之考量，
而君子能分疏得宜，「以治人之情而圖治之道盡矣」[41]，真正
理解各音之正，明白其喜怒哀樂之發並合於天理，完善的音
樂也應化繁為簡、以簡馭繁，把握基本樂理，不必深入探究
紛雜之處，更不能僅注重感官享受而落入靡靡之音。「樂」唯
通過人能有所開展，音律之演奏具有使人精神舒暢之感受
時，樂便具有形上之意義，如是樂所帶來的快樂雖透過人感
官為接收途徑，身為君子之人卻不能僅滿足於在小體之滿
足。就船山之詮釋視域而言，「樂以知政之得失，唯禮之合
否，知樂則亦知禮矣。」[42]真正的「樂」必合於禮中，君子
可從樂之和怨哀思而知民心，五音雖原於喜怒哀樂之情而
發，聖人不懈努力積德，以音樂起移民化俗之用，使上下相
處融洽，而人皆在音樂教化的薰陶中進而能體現儒家義理禮
樂教化之理想世界。

職是此故，我們可以說，「禮必得樂以和，樂必依禮以
節，聖人必合言之。」[43]君子之樂必依於禮而發，樂以禮為
體，禮以樂為用，兩者實為兩端而能歸於一致：

---

40 王夫之，《禮記章句》，《船山全書》第 4 冊，頁 895。
41 王夫之，《禮記章句》，《船山全書》第 4 冊，頁 895。
42 王夫之，《禮記章句》，《船山全書》第 4 冊，頁 896。
43 王夫之，《禮記章句》，《船山全書》第 4 冊，頁 915。

> 禮之為節，具足於喜怒哀樂之未發；而發皆中節，則
> 情以率夫性者也。
> 敬者人事也，和者天德也。繇人事以達天德，則敬以
> 為禮之本，而因以
> 得和。和者德之情也，樂者情之用也。推德以起用，
> 則和以為樂之所自
> 生，而樂以起。此禮樂相因一致之理有然者。[44]

君子明瞭性理存於未發之中，禮之為節於此中具足，而所發
之情皆能反覆存養省察，以性導情「動必中禮之德」[45]發而
中節，無所陷溺而能達情之正，此即所謂天德之「和」之境
界。禮之價值在於建構一個和諧而具整體感之人文世界，「使
人與人情相感通而仁，使情達而順，並貫通形上形下。」[46]其
中蘊含人與天地萬物間之感通，亦蘊含人知德順天命之使命
感，並據此落實於生活場域中起人倫教化之價值，終而能以
此價值起人文化成之功。

　　綜上所述，就船山之詮釋視域而言，立禮為體，以樂為
用，使人之性情處於此中而能能由形下而接觸形上，禮樂因
而能貫仁義於人性中。「禮」可涵蓋道德之內在精神與外在

---

44 王夫之，《讀四書大全說》，頁 201。
45 王夫之，《讀四書大全說》，頁 200。
46 唐君毅，《中國哲學原論・原教篇》，頁 641。

形式，船山認為禮有「不可變者」與「可變者」。[47]前者指永恆不變之倫理規範，後者則指隨著朝代更迭時代變遷，日用人倫應對進退之禮節不必拘泥死守，而須視當下所遇之情境而有所調整；而「樂」之旨趣在於「與天地四時同其氣序。」[48]雖「樂」之展現即為簡單質樸，卻無礙於其禮敬之體現。音樂之作用乃在以音律安和百姓之情緒，以使人皆能歡欣融洽。職是此故，船山「重視借助禮樂教化等外部力量拯救世道人心，從庶民流俗中超拔出豪傑乃至聖賢，進而達到拯救整個社會的目的。」[49]通過君子之外在化成，體現聖人所創制之人道之極。

第五節　結　論

綜上所述，本文以王船山詮釋視域下《中庸》「君子」觀為論述之中心，並經由以上之辯證詮釋、比較分析，大體可以對船山之詮釋視域，能有一個較完整之理解與疏解。

對於船山之詮釋視域而言，《中庸》一書之旨趣即在於「教也。教即是中庸，即是君子之道，聖人之道。」[50]析言

---

47 原句為「禮有不可變者，有可變者。……一王創制，義通於一，必如是而後可行；時已變，則道隨而易，守而不變，則於情理未之協也。」王夫之，《宋論》（北京：中華書局，2015），頁22。

48 王夫之，《讀四書大全說》，頁231。

49 鈕則圳，〈人文化成的家國情懷——王船山《俟解》中的「人禽之辨」〉，《文化中國》2（2019：12）：81。

50 王夫之，《讀四書大全說》，頁68。

之，庸，即是君子之道，聖人之道。」[51]析言之，通過學習聖人在已修之道加以修整而立之準則並引導人「擇聖人之所擇，執聖人之所執而已。」[52]加以體現君子之道，無所間斷地努力據天命之性加以存養省察以修養自身生命之境界，使自我之天命得以體現之外，更能通過禮樂化成擴充於他人以盡治人心、正風俗之事，「齊全事之動機和意向，旨在引導人於性善的形上源頭處，感悟人性善良的尊貴，議決第體認生命深厚意義及崇高價值。他開導人，……當下做安身立命之抉擇，逐步存養推擴以盡性致命，上達天人合一的終極理想。」[53]而君子之道亦在內在修養與外在化成內外貫通交相成之中得以挺立。

51　王夫之，《讀四書大全說》，頁 68。
52　王夫之，《讀四書大全說》，頁 143。
53　曾春海，《中國哲學史綱》(臺北：五南圖書出版股份有限公司，2012)，頁 705-706。

第五章　論王船山詮釋視域下
《論語》的「聖人」觀

第一節　前　言

　　本文對王船山於《論語》中「聖人觀」之詮釋作一解說，船山身處明清鼎革之際，其認為最主要原因乃在於「王氏之學，一傳而為王畿，再傳而為李贄，無忌憚之教立，而廉恥喪、盜賊興，中國淪沒，……其流禍一也。」[1]是以船山欲通過反思與批判，以宏揚聖學為己任，透過重新注述儒學經典，論述其視域下儒家聖人之大義，就聖學內容作一確解，以力思矯正王學末流之弊，復歸先秦儒學經典之真實精神氣象。[2]

1　清・王夫之，《張子正蒙注》（北京：中華書局，2011），頁 332。誠然，船山於此將明朝滅亡之因全歸於王學之末流是否有失公允？相關之討論可參見拙作《儒家義理輔導學之建構：以王陽明與王船山義理中的意義治療為核心開展》（臺北：文史哲出版社，2020），頁 45-77。
2　唐君毅先生曾指出：「明末儒者，無不重經世致用之學。……惟船山竄身猺洞，發憤著書，其哲學思想最為夐絕。船山本其哲學思想之根本觀念，以論經世之學，承宋明儒重內聖之學之精神，而及于外王，以通性與天道與治化之方而一之者，惟船山可當之耳。」唐君毅，《中國哲學原論・原教篇》（臺北：臺灣學生書局，2004），頁 515。

　　大抵近三年學界針對船山《論語》學進行之研究，主要為以船山之《論語》學與朱熹之《論語》學進行比較。如韓國學者林玉均先生的〈王船山對《論語》的新解釋——以其與朱子對《論語》解釋的比較為中心〉一文即「通過其與朱子解釋的比較，來闡示王夫之對《論語》解釋的特徵。」[3]然林先生僅以《論語》中〈學而〉、〈雍也〉進行論述比較船山與朱子之異同，此是否能有完整之論解？本文持保留態度。復次，蔡家和先生在〈王船山於《論語》「禮之用」章對體用論詮釋的反省〉一文則指出「船山之所以對朱子《論語》『禮之用』章的詮釋提出反省，原因並不在於重氣與否，而是朱子詮釋所採取的『體用論』。」[4]並主張「船山與朱子兩者的詮解無法互融，朱子無法涵括船山。」[5]確實，船山《論語》學之視域雖與朱子有其相似之處；然就精細處言，船山更為推崇《論語》，特別是孔子的聖人形象。蔡先生之論點有其可推擴之處。

　　綜觀上述學者之論點，各自詮釋之視域不同，是故各有其優缺點。船山曾言：「讀《論語》須是別一法在，與《學》、《庸》、《孟子》不同。《論語》是聖人徹上徹下語，須於此看得下學、上達同中之別、別中之同。」[6]由此可見船山看待《論

3　林玉均，〈王船山對《論語》的新解釋——以其與朱子對《論語》解釋的比較為中心〉《船山學刊》4（2017：7）：17。

4　蔡家和，〈王船山於《論語》「禮之用」章對體用論詮釋的反省〉《武漢科技大學學報》（社會科學版）6（2018：12）：682。

5　蔡家和，〈王船山於《論語》「禮之用」章對體用論詮釋的反省〉《武漢科技大學學報》
（社會科學版）6（2018：12）：689。

6　清・王夫之，《讀四書大全說》（北京：中華書局，2011），頁193。

語》之態度與其他三書大不相同，其特別看重《論語》之地位。是以我們於此要進一步追問的是，歷代儒者詮釋《論語》之文本可謂汗牛充棟，而船山詮釋進路之特色為何？另外，在船山義理視域下，《論語》之義理不同於其他三書之旨趣為何？

　　基於上述之討論，本文章節結構之內在邏輯與研究之重要性上共分五節，除了前言與結論之外，第二節旨在論述船山詮釋《論語》之進路；於第三節中，論述《論語》中之「聖人氣象」；又於第四節中，討論成聖之工夫如何實踐，藉此以凸顯船山學之精神與特色。

　　最後在研究資料上，本文以《讀四書大全說》與《四書訓義》作為主要徵引書目。另隨文徵引當代學者之詮釋討論，以下即依上述架構，逐步展開疏解。

第二節　王船山詮釋《論語》之進路

　　我們若欲討論船山詮釋《論語》之進路，則必先理解其視域。其曾言：「讀書者最忌先立一意，隨處插入作案，舉一廢百，而聖人高明廣大之義蘊隱矣。」[7]其指出我們在面對詮釋經典文本之時，應避免先立自我之見解加以強解文本之內容，否則容易造成我們與經典間之隔閡，而導致我們錯讀或

---

7 王夫之，《讀四書大全說》，頁484。

妄加自我之意扭曲文本。是以船山指出我們應抱持正確之詮
釋態度去理解經典：

> 《論語》一書，先儒每有藥病之說，愚盡謂不然。聖
> 人之語，自如元氣流行，人得之以為人，物得之以為
> 物，性命各正，而栽者自培，傾者自覆。如必區區畫
> 其病而施之藥，有所攻，必有所損矣。……如欲藥之，
> 則必將曰必讀書而後為學，是限古今之聖學於記誦詞
> 章之中，病者病而藥者愈病矣。是知夫子即遇涸寒烈
> 熱之疾，終不以附子、大黃嘗試而著為局方；又況本
> 未有病者，億其或病而妄投之藥哉？[8]

船山不認為《論語》乃為先儒所言為藥病之說。由於人之生
命乃為獨一無二之存在，是以人生命鬱結之疏通上達仍有待
於自我之道德實踐，此無法經由普遍之經驗而獲得。是以先
儒所言之藥病說，《論語》中之文句如為「藥」皆必有一對治
之對象，「《論語》一部，其本義之無窮者，固然其不可損，
而聖意之所不然，則又不可附益。遠異端之竊似，去俗情之
億中，庶幾得之。」[9]析言之因其對治之對象有其疾病故開藥
醫之，如此即是縮限孔子高明廣大純粹之本意。

　　其續以藥病為喻，言藥不只治病，亦對人之生命有所戕
害。「『人的活動中之過失』並非全是病，或全部非病，反而
常根於人之天性。故若是過失缺失為病，必欲將病連根而起，

8　王夫之，《讀四書大全說》，頁214。
9　王夫之，《讀四書大全說》，頁195。

如此則勢將連同生機盡奪，病雖去而性命亦幾乎不保矣。」[10]
是以醫治應為端正自我之道德本性，治人之欲亦在自我之道德良知上實踐工夫，即對所接觸之對象須有如實之理解，並權衡當下之情境而有不同之應對進退而無任何之曲折，據此聖人之教立論之言，即實踐工夫之當下即為天理之流行。[11]

　　船山最後點出許多儒者皆在語言文字上講究，然若人自身之良知無所呈現，則外在之事物無所可裁。如此人因缺乏自我之決斷力，易被外在事物所牽引，進而有拘執於物之可能；若人若僅止空談心性，而不知道德實踐於日用人倫、事事物物之上，則人易流於「直接將超越的『良知呈現』之境界，拉下來作為一普遍的行為判準……便恆易於見到他人行為的殘缺、陷溺、無自覺、不圓滿之處，而不見他人曲折呈露的種種道德價值，而不免對他人作出種種不相干的苛責」[12]之可能。是以孔子弟子有病，孔子並非以藥醫病之形式，而是以普遍圓融、徹上徹下之通則，直接在弟子心性上做指點，無論有病無病，皆能有所受益，而能各復其自我之生命。

　　復次，見船山言：

　　　看聖人言語，須看得合一處透，則全體、大用，互相

10　徐聖心，《青天無處不同霞：明末清初三教會通管窺》（臺北：國立台灣大學出版中心，2016 年），頁 180。

11　誠然，船山之詮釋雖能自圓其說，然於此亦僅是以其自我之視域詮釋《論語》，而船山據此而發之同時亦會陷入詮釋困境之中。《論語》中義理是否皆是如船山所言「普遍圓融、徹上徹下」，乃有待後人以修養工夫自我體證之。感謝評審委員提供之意見。

12　曾昭旭，《道德與道德實踐》（臺北：漢光文化，1989），頁 140。

> 成而無礙。若執定藥病一死法，卻去尋他病外之藥，
> 總成迷妄。聖人之教，如天地之有元氣，以之生物，
> 即以之已疾，非以藥治病。[13]

對於船山而言，聖人之教乃如天地之元氣，無私覆，無私載，
是以無法以藥病喻之。總之「聖人之言，必不為藥。」[14]船
山反覆強調，若人沒有以正確之視域詮釋經典，如此會導致
聖人之意無法體現，而人陷溺於非正學而不自知。

最後則見船山言：

> 凡聖賢文字若此類者，須以學問實為體驗，則聖意自
> 見，不可泥文句而執為次序。……要此一章，原以反
> 覆推求，而從成功之中，揀序其醇疵之大小，以為立
> 言之次，而聖教之方，自在言外。……學者須別自體
> 驗。事雖有漸而規模必宏，安得於文句求線路，以惘
> 然於所從入哉！[15]

船山於此強調聖賢所言須是在自我生命中進而挺立體現，身
處於生活世界中之人，不可僅止於種種外在知識經驗之獲
取，此船山以為不通者，皆緣於溺於文章辭藻而未能通徹。
是以人仍要以道德實踐之知識為優先之選擇，「君子之學，
未常有不資於聞見也，未嘗不求之於心也。乃其於天下之理，

13　王夫之，《讀四書大全說》，頁 472-473。
14　王夫之，《讀四書大全說》，頁 473。
15　王夫之，《讀四書大全說》，頁 443。

一無敢忽，一無敢忘，研其機，窮其理，盡其變。」[16]船山強調「學問」與「實踐」兩端合於一致而不可偏廢，如此方能體現聖人之教。

船山曾言：「除孔子是上下千萬年語，自孟子以下，則莫不因時以立言。」[17]其在《讀四書大全說》一書中對於《論語》詮釋之篇幅亦多於其他三書，有學者則指出船山對於《論語》之詮釋可謂「粗而不細」[18]。然曾昭旭先生則說道：

> 船山於《論語》，蓋以聖人氣象論之。聖人氣象者，即當下是天德人道，下學上達之貫通圓融；而更不假立步驟，姑為分析也。……唯《論語》純是即事以顯道，而從不抽象地論道，此所以有含淪通貫之氣象也。[19]

曾先生指出船山以為經典之所以為經典，不當是純然被動地，而是可主動地影響人。經典並非與詮釋者無關之客體，當人與經典之對話過程中，人之意識與經典在此過去和現在不斷融合，聖人之氣象及融攝下學與上達之貫通性，如此動

---

16 清・王夫之，《四書訓義》，《船山全書》第七冊（長沙：嶽麓書社，2011），頁503。

17 王夫之，《讀四書大全說》，卷四〈公冶長〉，頁260。

18 此為陳來語。然其亦點出「就其批讀所闡發的內容而言，則所涉及的範圍又要比《大學》、《中庸》來得廣泛，涉及到《大學》、《中庸》二書中所未涉及的重大哲學問題，更能彰顯出船山在哲學上的基本立場。」陳來，《詮釋與重建：王船山的哲學精神》（北京：生活・讀書・新知三聯書店，2010），頁129。

19 曾昭旭，《王船山哲學》（臺北：里仁書局，2008），頁183。

態之過程，進而體現新的意義。

第三節 《論語》之「聖人氣象」

　　由上文可見，船山在進行《論語》之詮釋時，特別著重於契合孔子聖人之教之原意，並反對儒家成聖之學之工夫僅只於埋首於書中成為記誦詞章，而是強調所謂工夫必須落實於具體之情境中。是以我們要進一步追問的是，究竟在船山視域下，孔子之教究竟有何特別之處呢？首先見船山言：

> 夫願學孔子，則必有以學之矣。孟子曰「可以仕則仕云云，孔子也」。熱則將於此而學之耶？乃此四者則何易學也？ 仕、止、久、速之可者，初無定可，而孔子之「則仕」、「則止」、「則久」、「則速」也，自其義精仁熟，繇誠達幾，繇幾入神之妙。……夫化絲德顯，德自學成。孔子曰「下學而上達」，達者自然順序之通也。達不可學，而學乃以達，孔子且然，而況學孔子者乎？[20]

孔子聖人之氣象之所以有其可學之處，其旨趣即在於「則」。「道德主體在當下之幾『知道怎樣』做好一件善事，不是先思考做這件事所遵循的行為準則是什麼，然後再依照準則來

---

20 王夫之，《讀四書大全說》，頁 545-546。

活動；不是先作一件理論工作，再做一件實踐工作。他只做了一件事，邊實踐邊應用準則，邊應用準則於實踐中、又邊思考所用的準則正不正確，邊做邊學，即做即學，在實踐中學會了怎樣做好一件事的方法。」[21]船山強調聖人必須「因其時」，所謂「故唯聖人為能知幾。知幾則審位，審位則內有以盡吾形、吾色之才，而外有以正物形、物色之命，因天地自然之化，無不可以得吾心順受之正。」[22]孔子所展現之聖人氣象並非為先天既成；仍是需要透過後天之「學」方能有此聖人氣象。

復次見船山言：

> 孔子之所以聲入心通，無疑於天下之理，而為萬事萬物之權衡，以時措而鹹宜者，一其下學上達者之條理蚤成也。學不厭、教不倦，下學之功也。乃即此以學而即此以達，則唯盡吾性之善、充吾心之義而無不達矣。[23]

就船山看來孔子之所以被尊為聖之時者，其主因即在於孔子能就於人與生活世界之間之種種條件，能下學上達兩端合為一致，融攝天地而做出符合當時情境之最佳抉擇。換言之，

---

21 陳祺助，《王船山「道德的形上學理論」之開展》（高雄：麗文文化事業股份有限公司，2012），頁 461

22 王夫之，《讀四書大全說》，頁 572。

23 王夫之，《讀四書大全說》，頁 547。

即為人臨事之當下所做出揀擇之能力，[24]「『時』，一方面是認知『現實』或『限制』，但在另一方面，則體現出面對限制的勇氣、智慧與承擔。在這種雙面意涵中，人之為人，方不會陷溺於無所不能的狂妄自大，也不會退縮在無所作為的安時處順。」[25]無怪船山言「化之不可知者也，孔子之所獨也。」[26]當人之生命得以重新歸於天理流行時，氣象所在，乃是道德之彰顯，內化之外露，渾融一體，光彩充盈，此時聖人之氣象當下即呈顯。

然我們要進一步追問的是，即便船山如此推崇孔子，但孔子真具有如此之聖人氣象，卻未能於當時得位，則我們又該如何解釋？

> 人只將者富貴福澤看作受用事，故以聖賢之不備福為疑，遂謂一出於氣而非理。此只是人欲之私，測度天理之廣大。《中庸》四素位，只作一例看，君子統以「居易」之心當之，則氣之為悴為屯，其理即在貧賤患難之中也。理與氣互相為體，而氣外無理，理外亦不能成其氣，善言理氣者必不判然離析之。[27]

---

24 「蓋吾心之動幾與物相取，物欲之足相引者與吾之動幾交而情以生。然則情不純在外，不純在內；或往或來，一往一來，吾之動幾與天地之動幾相合而成者也。」王夫之，《讀四書大全說》，頁 675。船山所著重乃為人之氣稟與外物相感應是否得位。

25 施盈佑，〈王船山「時中」的重取客觀面向——試論「時中」與「中庸」、「中和」之差異〉《東海中文學報》25（2013：6）：122。

26 王夫之，《讀四書大全說》，頁 653。

27 王夫之，《讀四書大全說》，頁 724。

就船山之視域而言,天地萬物一切存有皆為氣化流行之結果。「蓋言心言性,言天言理,俱必在氣上說,若無氣處則俱無也。」[28]是故整個天道之運行實為動而無息,乃為一絕對之流行。而人之「富貴福澤」亦屬於天理氣化流行下所形成。職是此故,就人之視域而言,吉凶禍福固然有其「不合理」,而使人產生質疑天理之想法;然若就「天理」之視域而言,孔子之不得位,其中實然有其天理日流,初終無間之處。此理雖當下不為人所理解,然無礙其流行。船山進一步指出人質疑為什麼如孔子般之聖人卻會福不備?其點出緣由即在人皆過於看重富貴福澤而忽略貧賤患難。然如孔子一般之聖人,則不以富貴福澤與貧賤患難為意,「取象於人事,非天道之有困也。」[29]是故船山特別強調儒者唯一所關懷之事,即自我生命德性之圓滿;富貴福澤並非儒者關懷之處。

　　最後,船山特別指出,即便如孔子般之聖人,其實與人亦有相同之處:

> 聖人有欲,其欲即天之理。天無欲,其理即人之欲。學者有理有欲。理盡則合人之欲,欲推則合天之理。於是可見:人欲之各得,即天理之大同;天理之大同,無人欲之或異。[30]

28　王夫之,《讀四書大全說》,頁 718。
29　清・王夫之,《周易內傳》,(北京:九州出版社,2010),頁 201。
30　王夫之,《讀四書大全說》,卷四〈里仁〉,頁 248。

人天生即有欲求；而聖人亦有欲求，只是其欲求乃為實踐仁德、符合「天理」之公欲，「義利之辨而言，船山也不是去利而孤存義。而是要以義導利，故同樣面對貨、色亦不是棄絕之，而是能有同理心，推己及人。」[31]是以聖人有「欲」，而能暢通自我之欲之外，亦暢通他人之欲。「孔子之學，隨處見人欲，即隨處見天理。」[32]船山強調孔子之聖學並未否認過人欲之正面意義，反而人能透過「欲」實踐「理」，使自我得以活出如孔子般之聖人氣象。

第四節　成聖之要旨：「學」與「思」

　　上文闡述了船山在論述《論語》中孔子聖人之氣象，本節將進一步論述「人如何以具體之工夫體現聖人之氣象」。誠如船山所言：「聖人者人之徒，人者生之徒。既已有是人矣，則不得不珍其生。生者，所以舒天地之氣而不病於盈也。」[33]人與聖人之差別，一言以蔽之，即為躬行實踐「學」與「思」兩工夫。首先即見船山言：

　　　　夫子曰：「致知之途有二：曰學，曰思。」學則不恃己之聰明，而一唯先覺之是效；思則不徇古人之陳跡，

31　蔡家和，《王船山《讀孟子大全說》研究》（臺北：臺灣學生書局，2013），頁288。
32　王夫之，《讀四書大全說》，頁520。
33　清・王夫之，《周易外傳》，（北京：九州出版社，2010），頁43。

> 而任吾警悟之靈。乃二者不可偏廢，而必相資以為
> 功。[34]

船山論及人求得知識之途徑，一是學，二是思。所謂「學」、
「思」，人學時不因預設自我之固有成見，成聖唯有待於漸
學漸積，是以唯有向聖者學習方能得其所益即為「學」；
「思」，就船山看來則是「唯思仁義者為思」[35]，則要求人以
德性意義為主體，對聖賢所言是否符合人臨事之情境，進而
學聖賢卻又能不囿於聖賢之言。對於船山而言，「思」並非僅
為思辨認知外在事物之能力，而是得以體現天道徹上徹下之
工夫。是以，學與思乃具互動且相生相成之關係，學不僅不
妨礙思，且思有助於學，兩者互為二端而一致。

　　復次，見船山言「學」之重要性：

> 夫子曰：學者亦視其立志之何如耳。志盈而不求益，
> 則雖勸勉之而終不能起其衰之氣；志銳而不自畫，則
> 不待鼓舞而自有不能已之情。[36]

船山強調立志不能只是就文字思辨上瞭解，「志是大綱趣向
底主宰」[37]，而是須有堅定不移之意志，「是直接為自己之具
體個人立的，不是抽象普遍的；同時不只是立之為心之客觀

34　王夫之，《四書訓義》，《船山全書》第七冊，頁 301。
35　王夫之，《讀四書大全說》，頁 702。
36　王夫之，《四書訓義》，《船山全書》第七冊，頁 585。
37　王夫之，《讀四書大全說》，頁 534。

所對，而是立之為：自己之個人之心靈以致人格所要體現，而屬於此心靈人格之主體的。……真實的經由知以貫注至行，而成為屬於自己之實際存在的。」[38]如此不論人遇到如何艱困之情境，人皆能加以對治。

船山接著指出為學之本基：

> 聖人言為學之本基，只一「信」字為四德之統宗，故曰「主忠信」，曰「忠信以得之」，而先儒釋之曰「以實」，曰「循物無違」。「以實」者，實有此仁義禮智之天德於心，而可以也。以，用也。「循物無違」者，事物之則，曉了洞悉於吾心，……吾之所通，與彼之所感，自然而不忒也。[39]

船山認同程頤之詮釋，並據人皆本有良知以論述人皆應忠信以實，如此即不會使本有之良心有所陷溺。而人若能夠忠信，肯定生活世界中皆有其當然之理，且此理皆存於吾心，即如同感受生活世界中所有之真實感受，如此即能夠體悟聖賢之言皆是有其歷史經驗之事實，而發之於其心之決斷。「蓋天理之流行，身以內，身以外，初無畛域。天下所有，皆吾心之得；吾心所藏，即天下之誠。」[40]而人在觀看聖賢之言時亦產生體貼之感及對於自我之省思。

復次續看船山論「思」之重要性：

38　唐君毅，《人生之體驗續編》（臺北：臺灣學生書局，1996），頁 76。
39　王夫之，《讀四書大全說》頁 330-331。
40　清・王夫之，《尚書引義》（北京：中華書局，2011），頁 48。

> 故「思」之一字，是繼善、成性、存存三者一條貫通
> 梢底大用，括仁義而統性情，致知、格物、誠意、正
> 心，都在者上面用工夫，與洪範之以「睿作聖」一語
> 斬截該盡天道、聖功者同。[41]

船山指出「思」乃是一切道德實踐工夫之本，為人成聖之依
據。格物致知、誠意正心之歷程亦是循天理，在具體情境躬
行下以復得自我之性為目的，是以當思具有能夠使人於自覺
省察自我。若人能徹底地致思存理，即可盡全體之大用。即
便人在決斷臨事時只是仁義之偶發；然人可藉此偶發，作為
一起點，實踐「思」之工夫，於此擴而充之，自能徹上徹下
而使自我之生命不得以陷溺。

最後見船山總結：

> 大底格物之功，心官與耳目均用，學問為主，而思辨
> 輔之，所思所辨者，皆其所學問之事。致知之功，則
> 唯在心官思辨為主，而學問輔之，所學問者，乃以決
> 其思辨之疑。致知在格物，以耳目資心之用，而使有
> 所循也，非耳目全操心之權，而心可廢也。[42]

人之心知會隨其學問思辨所窮之理逐漸增加；然人平時格物
致知，思辨所獲得之理，並無法保證當人臨事之具體情境中

---

41 王夫之，《讀四書大全說》，頁 700-701。
42 王夫之，《讀四書大全說》，頁 12。

能否正確決斷是是非非。「特於船山之意，如何利用物、安排物，以達成輔助人生之目的，乃一人文知識，而分物性知識；故應由求取人文知識之方法得之。」[43]換言之，人在臨事當下之情境，雖可運用自我過去生命中習得之經驗，來協助其決斷，然此經驗卻未必符合當下之情境。是以船山強調「凡有志於學者，皆可期以合道之體、盡道之用也。」[44]學與思兩端不可割裂或偏廢。人在未臨事前能學習而待擇其理，並存於自我心中，使人在臨事之當下，依據自我之心之安或不安，進而得以發揮心知之智性能力，以決斷人在面臨具體情境之行為之是是分非。

第五節　結　論

本文以王船山義理視域下《論語》之聖人觀為論述之中心，並經由以上之討論，大體可以對船山對於聖人觀之詮釋，能有一個較完整之理解與疏解。

船山不認為作者、經書與讀者三者乃彼此割裂之關係，「權威之所以產生令人信服，並不在於它所依賴的表現形式，而在於它陳述的『內容』，……從儒家的角度來看，服從聖人的權威不應該是一種簡單的盲從，而是遵從聖人經歷過而表現出來的某種權威性判斷與陳述，因而值得後代人不

---

43 戴景賢，《王船山學術思想總綱與其道器論之發展》下編（香港：中文大學出版社，2013），頁 53。
44 王夫之，《四書訓義》，《船山全書》第七冊，頁 596。

斷反芻省思並將之連結到自身。」[45]船山強調詮釋經典不能僅止於文字之訓詁分析，而須通過自我覺知與具體情境之決斷，進而有所體悟。是以聖人將自我體悟之所得以文字記錄於經典中，後人閱讀經典時便與聖人產生聯結而互相有所呼應，人透過自身躬行實踐經典中所本具之理，此即為船山認為經典對於讀者而言所該具有之價值。

　　對於有全體大用之《論語》，船山亦指出人不可因事、因人，使聖賢之經典流於異端，致使經典陷溺於「應病予藥」。船山理解聖人觀進路之旨趣即在「明人道以為實學，欲盡廢古今虛妙之說而返之實。」[46]儒家聖學之傳承與道德工夫之實踐，乃是船山一生戮力之所寄。

　　綜上所述，由於船山特別重視人經由後天教養學習方能成聖。是以其不認為人能不假於學而成聖之「現成良知」。「此聖賢之學所以盡人道之極，而非異端之所得與也。」[47]是以其強調「學」與「思」乃為區分聖人之學而避免空疏而廢學。學問思辨工夫不夠，便會使人本足之善性無法彰顯，而性易隨著外物有所陷溺。故船山言：「欲求正俗，必先明學；欲轉移習氣，必先開立真知。」[48]船山強調人唯有通過追尋知識，溫故而知新，待事至之善擇，進一步學盡人文化成之理，以躬行自我道德之實踐與德業之日積。

---

45 林維杰，《朱熹與經典詮釋》（臺北：國立台灣大學出版中心，2016），116-117。

46 清·王敔，〈薑齋公行述〉，《船山全書》第十六冊，（長沙：嶽麓書社，1996），頁 81。

47 王夫之，《讀四書大全說》，頁 714。

48 錢穆，《中國近三百年學術史》（臺北：臺灣商務印書館股份有限公司，2019），頁 125。

第六章　論王船山義理詮釋視域下《孟子》的「情」、「才」觀

第一節　前　言

　　孟子學自先秦以降乃至中唐時期受儒者韓愈之推崇後，逐漸受到當時士人之重視。經過三百餘年到了兩宋期間完成「孟子升格運動」。[1]其中宋明理學家們為辟除釋、道之義理，更據孟學言「仁義之性」，建立「天道性命相貫通」之義理，以天道、人性通而為一，旨在提倡儒家義理之正統。

　　其中，《孟子》中所言之「情」、「才」義理，更為宋明理學家所把握並加以發揮，程朱學派將人不善之原因歸罪於情、才上，此詮釋進路大大影響了宋明理學史之發展。然身處明清鼎革之際之王船山卻指出不同於其他宋明理學家之見解，認為「性」、「情」、「才」等概念需要嚴加辯明，是以我們要進一步追問的是，在船山詮釋視域中情、才之義蘊，進而辨

1　周予同，《周予同經學史論著選》（上海：上海人民出版社，1996），頁289-290。

明究竟是在何種情境之下，情、才被視為善？又是在何種情境之下，情、才被視為善？

　　當代學者近年在研究船山《孟子》學時，多半關注其論「情」之文學面向，如楊甯寧的《「理語」的重塑——船山「化理入情」詩理觀的內生成語境及分類形跡》[2]或匡代軍的《「窮本知變,樂之情也」——船山《禮記章句‧樂記》藝術思想探賾》[3]然諸多學者卻鮮少關注船山「情」之義理，更遑論船山「才」之義理。職是此故，重新探究船山論「情」、「才」之義蘊，對於我們研究船山《四書》學之領域而言甚為重要。

　　基於上述之討論，本文章節結構之內在邏輯與研究之重要性上共分四節，除了前言與結論之外，第一節旨在論述船山詮釋《孟子》之進路，見其「主橫渠、兼朱子、反陸王」之詮釋進路；於第二節中，論述船山視域下《孟子》之「情」觀；又於第三節中，討論船山視域下《孟子》之「才」觀，藉此以凸顯船山學之精神與特色。

　　最後據研究資料而言，本文以船山之《讀四書大全說》與《四書訓義》作為主要徵引書目。另隨文徵引孟子之原意與程朱之詮釋、當代學者之詮釋進行討論，以下即依上述架構，逐步展開疏解。

---

2 楊甯寧，〈「理語」的重塑——船山「化理入情」詩理觀的內生成語境及分類形跡〉《文藝理論研究》（2018：1）：105-115
3 匡代軍，〈「窮本知變，樂之情也」——船山《禮記章句‧樂記》藝術思想探賾〉《中國文學研究》（2017：1）：77-81。

第二節　王船山詮釋《孟子》之進路

眾所周知，《四書》乃宋明理學義理史中重要典籍依據，船山雖然嚴斥

各個理學家之論點，然對於《四書》亦抱持同等重視之態度並有所批判。「但是這裡的『批判』並不意味著整體的反對或顛覆，而是指分析的、不盲從的獨立態度和精神。……承認《四書》的經典性、程朱的權威性、儒學的正當性、道學概念的意義性為前提的。」[4]歸結而言，船山欲通過對於《四書》之詮解，其欲辨析宋明理學家們夾雜佛、道兩家之義理，而能復歸先秦孔孟義理之精神。是以在進入論述船山詮釋視域下《孟子》義理「情」、「才」觀之前，必須先理解船山以何種視域進行對《孟子》之詮解。

大體而言，當代學界皆同意船山學雖是據程朱義理發展而有所開展；然船山學卻是歸宗於張載之義理而言：「伊川於此纖芥之疑未析，……然則欲知心、性、天、道之實者，舍橫渠其誰與歸！」[5]由此可見，船山對於《孟子》之見解，乃是「神契橫渠，羽翼朱子，力辟陸、王。」[6]立於朱子義理之

---

4 陳來，《詮釋與重建：王船山的哲學精神》（北京：生活‧讀書‧新知三聯書店，2014），頁 53。
5 清‧王夫之，《讀四書大全說》（北京：中華書局，2011），頁 722。
6 徐世昌，《清儒學案》（北京：中華書局，2008），頁 369。

架構，進而提出對於程朱義理之反省，並重新以「氣」之視域進行詮釋。

　　職是此故，船山即對於《孟子・告子上》中「公都子問性」一章中，朱子以「心統性情」、「性發為情」之詮釋提出反省：

> 孟子不曾將情、才與性一例，竟直說個「善」字，……曰「〔情〕可以為善」，即或人「性可以為善」之說也；……只說得情、才，便將情、才作性。……性以行於情、才之中，而非情、才之即性也。[7]

孟子於此章之原意乃是將「心、性、情、才」四者貫通為一，其論述目的乃是為證其「性善說」之旨趣。[8]而在經過朱子之詮釋後，「『愛之理，心之德。』愛是惻隱，惻隱是情，其理則謂之仁。」[9]析言之，「性」為形而上，乃為天理；性發端於外而為「惻隱之情」；「心」乃虛靈知覺，只能具理而並非是理，是以心、情、才乃為形而下。

　　然船山於此之詮釋部份未必符合孟子之原意，船山以為性與情、才不可混為一談，性乃為善，情與才則可能為善亦可能為不善。唯有情依於性而發，此時之情方為善；性為

7　王夫之，《讀四書大全說》，頁672。
8　「故在孟子，心性情才實一事。……性是道德的創生的實體言，心是指道德的具體的本心言。……性與情原可互用。……才字皆直指性以為質地言，復直指本心即性之生發言，即指良能言。」南宋・黎靖德編，《朱子語類》（北京：中華書局，2016），頁417-418。
9　南宋・朱熹，《四書章句集注》（臺北：鵝湖月刊社，2014），頁111。

「體」，情、才為「用」，若據情、才以為性，則可能陷於「性無善惡」或「性乃善惡混」之非儒家正統「性善」說。是以船山特別點出性之體必為善；情、才之用則有為善，亦有為惡之可能。

　　就上段引文而言，船山詮釋《孟子》之進路依舊是依著朱子義理之架構而有所開展，然針對孟子所言之「惻隱之心」，船山即提出與朱子不同之詮釋：

> 孟子言「惻隱之心，仁也」云云，明是說性，不是說情。仁義禮智，性之四德也。雖其發也近於情以見端，然性是徹始徹終與生俱有者，不成到情上便沒有性！性感於物而動，則緣於情而為四端；雖緣于情，其實止是性。[10]

就孟子之原意而言，「惻隱之心，仁也。」[11]此乃是指心人道德本心而言，非專指人之性；而朱子之詮釋則是視「惻隱」為情，未發之中之性為理，已發於外而有惻隱之情。然船山指出惻隱即為性，而非情，「性善故情善，此一本萬殊之理也。」[12]四端之「情」，其實是「性」之發用而顯於「情」者。若僅有「情」而無「性」，則亦無法實踐四端之「仁義禮智」。職是此故，「只能由性來決定情（這不是說情全是善），而不能由情來證明性；因為情有善有不善，難道要不善的情來證明性有不善嗎？所以孟子不用情（喜怒哀樂）來證明性，而

10　王夫之，《讀四書大全說》，頁 673。
11　朱熹，《四書章句集注》，頁 338。
12　王夫之，《讀四書大全說》，頁 574。

用惻隱等見端於心者來證明性。」[13]船山主張「惻隱之心」實為性，並批評朱子「『情不可以為惡』，只緣誤以惻隱等心為情，故一直說煞了。」[14]此點即與朱子之詮釋方式有異。情所發若不依於性，則成「喜怒哀樂」，而非「惻隱之情」。

最後我們仍有一問題待解：既然船山認為性為體，情、才為用，如此心與情的關係，甚至心與性、情、才之關係又是如何呢？

> 喜、怒、哀、樂，只是人心，不是人欲。……仁、義、禮、知，亦必於喜、怒、哀、樂顯之。性中有此仁、義、禮、知以為之本，故遇其攸當，而四情以生。……惟性生情，情以顯性，故人心原以資道心之用。道心之中有人心，非人心之中有道心也。則喜、怒、哀、樂固人心，而其未發者，則雖有四情之根，而實為道心也。[15]

依船山而言情是指「情緒」、「情感」，而可區分為喜怒哀樂，或是情感未顯，而處於未發之狀態。待「心之動幾與物相取。」[16]而後有喜怒哀樂方為「情」，此屬人之常情，故不可視之為「人欲」，是以性、心、情乃有所區分。復次，惻隱、羞惡、辭讓、是非之四端之心，則為「性」。四端之心，乃是性落於心上來說，其透過情以呈現，但並不同於情。心與性

---

13 陳來，《詮釋與重建：王船山的哲學精神》，頁281。
14 王夫之，《讀四書大全說》，頁678。
15 王夫之，《讀四書大全說》，頁83。
16 王夫之，《讀四書大全說》，頁675。

的關係：性之存有，須由心以察之，而其呈現，則須透過情。是故「性之發見，乘情而出者言心，則謂性在心。」[17]但此四端之心面臨不同情境時而有相應之根據在於有其仁、義、禮、知之性體。然並不表示性有絕對之主宰之能力，對於人行為上之主宰，仍得歸之於心。因為心主宰情，而性須由情來顯現之故。職是此故，船山所謂之「心統性情」，乃就行為實踐而言，非就存有之根源而言。蓋心之存有，乃是「虛靈」，以其涵攝萬有之理，具有認知功能，為體用關係之「用」，不可離心言性。

　　綜上所述，船山對於《孟子》之詮釋有時同意朱子之詮釋進路，然亦有異於朱子之處，且未必體貼於孟子之本義。船山認為性與情、才為有所分別、不同之概念，據此可知，船山之《孟子》學並非專為訓釋《孟子》而作，乃是藉《孟子》以發揮其「主橫渠、兼朱子、反陸王」之詮釋進路。

第三節　王船山詮釋視域下
《孟子》「情」之義蘊

　　儒家論情之義蘊，本指人性中所發之喜、怒、哀、樂、愛、惡、欲之情感。《禮記‧禮運篇》：「何謂人情？喜、怒、

---

17 王夫之，《讀四書大全說》，頁 554。

哀、樂、愛、惡、欲七者，弗學而能。」[18]《荀子・正名篇》：
「性之好、惡、喜、怒、哀、樂謂之情。」[19]人性中本具此
心情感，當人與外物有所感通之當下，情便會由內而外自然
產生。是以就孟子之本義而言，「惻隱之情」乃人天生本具，
面對不同之情境時，順性而能培養出孝、悌、仁、禮之義。

朱子則將人之「情」視為形而下，乃為人情感之展現，
是以喜怒哀樂之情；惻隱、羞惡、是非、恭敬之心，四端亦
是情。「情者，性之動也。人之情，本但可以為善而不可以為
惡，則性之本善可知矣。」[20]析言之，朱子以為差別僅在於
情是否有依於性所發，若人由性所發，則必然為善。

然按朱子之詮釋進路，《孟子・滕文公上》：「夫物之不
齊，物之情也。」[21]一句則無法解釋。歸結原因，朱子並無
嚴格區分情與性之區別，其僅以「心統性情」之義理架構，
證儒家性善論。

職是此故，船山即嚴格區分情與性之區別：

> 孟子竟說此四者是仁義禮智，既為仁義禮智矣，則即
> 此而善矣。即此而善，則不得曰「可以為善」。惻隱
> 即仁，豈惻隱之可以為仁乎？若雲惻隱可以為仁，則
> 是惻隱內而仁外矣。若夫情，則特可以為善者爾。可
> 以為善者，非即善也，若杞柳之可以為桮棬，非杞柳

18 清・王夫之，《禮記章句》，《船山全書》第四冊（長沙：嶽麓書社，
   2011），頁559。
19 清・王先謙，《荀子集解》（北京：中華書局，2012），頁399。
20 朱熹，《四書章句集注》，頁328。
21 朱熹，《四書章句集注》，頁261。

之即為栲棬也。性不可戕賊，而情待裁削也。故以之惻隱、羞惡、恭敬、是非之心，性也，非情也。夫情，則喜、怒、哀、樂、愛、惡、欲是已。[22]

在船山之詮釋視域中「情」與「善」並非為必然連結之關係而言。復次，船山據以此論述性本然為善，是否與外物有所接觸感通，仁義智之天理，皆固有於性體中。乃為不待裁正。然情不然，情有善有不善者，待正之，故乃指「喜、怒、哀、樂、愛、惡、欲」七情。情是可為善亦可為惡，然情就根源義而言，並非是善；性才是船山所認定之善根。「惻隱是仁，愛只是愛，情自情，性自性也。」[23]人情之所發必須透過人之節制引導，以合乎中節。船山據此反對告子所譬之「杞柳、湍水」之喻，「以杞柳喻性，其實只是談到情，而不到性，因為杞柳可以為栲棬，亦可以不為栲棬，如同情可以為善，亦可以不為善，杞柳喻情，……而湍水之喻也是談及情，不是性，因為湍水可以決之東或決之西，如同情可以往善與不善處走。」[24]指出告子之言乃以情為性而不知性。

船山進一步指出：「情元是變合之幾，性只是一陰一陽之實。情之始有者，則甘食悅色；到後來蓄變流轉，則有喜、怒、哀、樂、愛、惡、欲之種種者。」[25]人之心與外物感通接觸所生起之種種知覺或反應，即是情，情僅僅為喜怒哀樂

<hr />

22　王夫之，《讀四書大全說》，頁 673。
23　王夫之，《讀四書大全說》，頁 674。
24　蔡家和，《王船山《讀孟子大全說》研究》（臺北：臺灣學生書局，2013），頁 190。
25　王夫之，《讀四書大全說》，頁 674。

之情，而與性不同。是以船山以為「孟子言：『惻隱之心，仁也』云云，明是說性，不是說情。」[26]析言之，惻隱之心即與「惻隱、羞惡、辭讓、是非」之情無所關聯。我們可見《公都子問性》一章中船山將「乃若其情」之情以「喜怒哀樂」之情詮釋之，而非以惻隱、羞惡、辭讓、是非詮釋之。這說明在船山之視域中「乃若其情，則可以為善矣」是就情「可以」為善，然非「必定」為善而言，亦即「性一於善，而情可以為善，可以為不善也。」[27]兩者實無關聯性。

復次，人之情是否為善，乃在於人之心能否盡性強調人在情之發動時能夠秉持「奉性治情，非緣情以主性。」[28]人據以仁義禮智為性，喜怒哀樂為情，情之發乃以性之對治引導，自然可以為善，亦即盡其性。使情之已發皆合於天道。

然我們於此仍有一問題待解，情既然有善有惡，如此就船山之立場而言，「去情」是否有助於人實踐成聖成賢之道呢？

> 不善雖情之罪，而為善則非情不為功。蓋道心惟微，須藉此以流行充暢也。如行仁時，必以喜心助之。情雖不生於性，而亦兩閒自有之幾，發於不容已者。唯其然，則亦但將可以為善獎之，而不須以可為不善責之。故曰「乃所謂善也」，言其可以謂情善者此也。[29]

26 王夫之，《讀四書大全說》，頁 673。
27 王夫之，《讀四書大全說》，頁 677。
28 王夫之，《讀四書大全說》，頁 756。
29 王夫之，《讀四書大全說》，頁 677。

船山認為雖然情未依據性之發用而有不善之可能；然情尚有正面之成效，即人為善亦須通過情之發用。職是此故，船山強調人不須因情可為不善即去情之，「人之不善，不可歸於氣稟、……而唯可歸之於緣物來觸、來取、而搖氣搖志之動，與由此而成之習。……故不善之緣，不在內之氣稟與情欲本身，亦不在外物本身；唯在外物與氣稟與情欲互相感應一往一來之際，所構成之關係之不當之中。」[30]人須以情可以為善而正視之、肯定其之意義。反之，若人以為情可以為不善，強硬絕斷自我之情，則陷溺於佛家講求斷滅人之情欲之論。去情，雖無惡，然亦無善可言，此即非儒家義理之旨趣。

　　職是此故，在船山詮釋視域中，以性體而言，乃仁、義、禮、智，感通於外在之事物而有惻隱、羞惡、辭讓、是非之情感產生。船山認為：「孟子言『情可以為善』者，言情之中者可善，其過、不及者亦未嘗不可善，以性固行於情之中也。情以性為幹，則亦無不善。」[31]性乃為「體」，情乃為「用」，人之情可否為善或不善的要緊處，就在人是否能依據人之性而發之：

　　　　孟子言「情則可以為善，乃所謂善也」，專就盡性者言之。愚所雲為不善者情之罪，專就不善者言之也。……若論情之本體，則如杞柳，如湍水，居於為

---

30 唐君毅，《中國哲學原論・原教篇》（臺北：臺灣學生書局，2004），頁 577。
31 王夫之，《讀四書大全說》，頁 573。

> 功為罪之閑，而無固善固惡，以待人之修為而決導之，
> 而其本則在於盡性。是以非靜而存養者，不能與於省
> 察之事。[32]

船山一再強調不善之因固然來自於情，然為善之資，亦必於情上始能見功。情具有變動性，是以情雖自有其體，然其本體無恆定之意向故無善無惡，乃可能受性之引導，亦可能縱欲而行背離性理。可為善，亦可為惡。是以情尚待通過自我仁義之性之存養省察，「發乎情，止乎理，而性不失焉，而則喜怒哀樂之大用。」[33]依性發用之情之呈現方可合理盡性見性。

　　綜上所述，在船山詮釋視域而言，「情」之概念並非朱子所理解僅為情感之展現；避免陷溺「情」證性善之理論困難，除了強調情雖有其負面之意義，然亦有其正面之功效。關鍵處在於人是否能在與外物感通之時，據仁義禮智之性為體、情為用，「做靜存仁義和省察情感的工夫，以保證能夠節制喜、怒、哀、樂、愛、惡、欲七情的發用和功能。」[34]進而使自我之性情通貫、天理流行暢達。

---

32 王夫之，《讀四書大全說》，頁 678。
33 清·王夫之，《四書訓義》，《船山全書》第八冊（長沙：嶽麓書社，2011），頁 698。
34 孫欽香，〈船山論「情」〉《東南大學學報(哲學社會科學版)》5（2016：9）：39。

第四節　王船山詮釋視域下

《孟子》「才」之義蘊

　　「才」字之詮釋就孟子之原意而言，大抵皆指涉為「材質」或「才能」。如《告子》言：「若夫為不善，非才之罪也。」[35]、「富歲子弟多賴，凶歲子弟多暴，非天之降才爾殊也，其所以陷溺其心者然也。」[36]、「人見其禽獸也，而以為未嘗有才焉者，是豈人之情也哉？」[37]上述引文如就原文之語意而詮釋，皆指為人天生本具之仁義之「性」。析言之，孟子在論述性善之時，將「才」釋為「性」，以彰顯其性善論之旨趣。而在《孟子》其他原文中則可見「才能」之義：「吾何以識其不才而舍之？」[38]、「得天下英才而教育之，三樂也。」[39]、「其為人也小有才，未聞君子之大道也。」[40]上述引文相較於前文孟子將才詮視為性，此處則通指稱為「才能」或「資質」而言之。

　　朱子在詮釋「若夫為不善，非才之罪也。」一段即注曰：「才，猶材質，人之能也。人是有性，則是有才，性既善則

35　朱熹，《四書章句集注》，頁 328。
36　朱熹，《四書章句集注》，頁 329。
37　朱熹，《四書章句集注》，頁 331。
38　朱熹，《四書章句集注》，頁 220。
39　朱熹，《四書章句集注》，頁 354。
40　朱熹，《四書章句集注》，頁 371。

才亦善。人之為不善，乃物欲陷溺而然，非其才之罪也。」[41]
析言之朱子以為孟子所言之乃為性之所發，是以就根源義而
言，才即是性，而無不善之可能，如人有不善之處，乃是因
於對外物欲望之陷溺而有之。

值得一提的是，朱子在後文注而言：

> 程子曰：「性即理也，理則堯舜至於塗人一也。才稟於
> 氣，氣有清濁，稟其清者為賢，稟其濁者為愚。」……
> 程子按此說才字，與孟子本文小異。蓋孟子專指其發於
> 性者言之，故以為才無不善；程子兼指其稟於氣者言之，
> 則人之才故有昏明強弱之不同矣，二說雖殊，各有所當，
> 然以事理考之，程子為密。[42]

朱子在此引用程子之言並以為程子之義更勝於孟子之義，其
理據在於朱子以為孟子僅是論性而不論氣，僅是見發於性之
才，故視才無不善，是以朱子以為孟子義理有其不完備之
處。[43]然程子以氣質之性詮釋才，人之氣稟才性有昏明強弱
之別，而人能通過學習以變化自我之氣質進而下學上達，職
是此故，氣質之性既不會導致人有二性之結果，同時亦能維
持性體至善之立場，朱子據此以證程子之詮釋視域較孟子之

---

41 朱熹，《四書章句集注》，頁 328。
42 朱熹，《四書章句集注》，頁 329。
43 「孟子說性善，是『論性不論氣』也。但只認說性善，雖說得好，終
   是欠了下面一截。……孟子終是未備。」黎靖德編，《朱子語類》，
   頁 1388。

詮釋視域更為周延，並且指出人之所以有惡之原因，根源乃在於才。

　　然船山對於程朱所指「性」為善、「才」為不善則抱持不同之見解：

> 所謂「氣質之性」者，猶言氣質中之性也。質是人之形質，範圍著者生理在內；形質之內，則氣充之。而盈天地閒，人身以內人身以外，無非氣者，故亦無非理者。理，行乎氣之中，而與氣為主持分劑者也。故質以函氣，而氣以函理。……是氣質中之性，依然一本然之性也。[44]

船山以為人之性乃得之於天者，客觀地說則名之為理，依人而言則名之為性。人之生，乃在於天理之氣所凝成人之身形而有之。析言之，形與質因涵氣，氣化屈伸升降的變化差異，受到形質的阻隔，而無法暢達體現，導致天地萬物有形、質之不同，形成個體形氣各有開通閉塞之本然差異，此乃由氣之而成者。

　　然必須特別說明的是，氣本身並無此決定之能力，是以船山以為此分劑之最終決定者，即為「理」。「氣質之性」乃指涉性在人之中，而人之形質皆屬於氣所化者，是故以質而言，天地萬物之本質為氣，而理寄託於氣中為性。其「理」、「氣」、「質」之間之相涵關係，由於理與氣「主持分劑」之

44　王夫之，《讀四書大全說》，頁 465-466。

結果，人與人之間甚至是天地萬物之間亦因氣之限制而有質之差異。是故只能言「相近」，而不能言「一致」。其「相近」之處，乃是人皆有可以為善之能力，是以船山言：「氣之偏者，才與不才之分而已。」[45]人之性體並非有二性之別，而是「形色即天性」。

　　復次，船山以為「才」須藉由盡性得以發用，是以才有善亦有不善之可能：

> 性借才成用，才有不善，遂累其性，而不知者遂咎性之惡，此古今言性者，皆不知才性各有從來，而以才為性爾。……才之美者未必可以作聖，才之偏者不迷其性，雖不速合於聖，而固舜之徒矣，程子謂天命之性與氣質之性為二，其所謂氣質之性，才也，非性也。張子以耳目口體之必資物而安者為氣質之性，合於孟子，而別剛柔緩急之殊質者為才，性之性乃獨立而不為人為所亂，蓋命於天之謂性，成於人之謂才。[46]

人的形色天性天生具有仁義禮智之實，然船山強調人必須通過後天之教化與努力方可成聖，而非不假修為，自然成能。然性與才並非為同一個概念，形色天性即為人之本性，且此性乃須通過生活世界得以體現，是以體現中如有不善，非性之過，而是體現之過程中，「率才以趨溺物之為，而可以為不

---

45 清・王夫之，《張子正蒙注》（北京：中華書局，2011），頁 114。
46 清・王夫之，《張子正蒙注》，頁 109-110。

善者其罪矣。」[47]職是此故，船山不贊同程子所說氣質之性有為惡之可能，因為性乃為一、乃為善；才有善或不善之可能。有才與否和道德實踐之間並無必然之關聯，然成德成聖之要緊處仍是依於性以成才。

職是此故，船山進而提出如何使人之才得以依性發用而免於溺物之為：

才之所可盡者，盡之於性也。能盡其才者，情之正也；不能盡其才者，受命於情而之於蕩也。惟情可以盡才，……亦惟情能屈其才而不使盡，……而情移於彼，則才以舍所應效而奔命焉。蓋惻隱、羞惡、恭敬、是非之心，其體微而其力亦微，故必乘之於喜怒哀樂以導其所發，然後能鼓舞其才以成大用。……故非性授以節，則才本形而下之器，……且聽命於情以為作為輟，為攻為取，而大爽乎其受型於性之良能。[48]

人之性之所以可盡，乃須通過情之正確發用，而情之正確發用，則須依性而發；才具有靜存待用之特質而受制於情。是以情既可駕馭才以使為善而成善，使才之耳聰目明得以充分體現；然亦可受制於情之流蕩使得自我之才受到遮蔽而無法發其本具之特質，此時即為無法盡才而淪於惡之可能。

人於生活世界中之種種形下之道德實踐，皆須通過情與才得以發用。情、才並非人之所以為善之動力因，然卻是道

47　王夫之，《讀四書大全說》，頁 675。
48　王夫之，《讀四書大全說》，頁 675-676。

德實踐之實際發用處。情、才亦可以為惡，然亦非人之為惡之根本因。「性善而情善，情善而才善。」[49]人之種種行為表現，乃是「性」透過「情」、「才」而完成之動態過程。

總歸而言，就船山之詮釋視域中，「氣質之性既是性，亦是才；耳目口體等，既是才，也是性。兩者雖是性，卻只是人性本體之全的一分。」[50]其嚴格劃分性與才之不同，指出人之才雖會因質不同而有所分別，然不影響人道德實踐成聖之可能。由於才乃被動有待裁造之材質，形質之才本身必然具為善或為惡之特點。是以「不善非才之罪，則為善非其功亦可矣。」[51]仁義之性必須借藉形體方得以體現。才之特質發揮之成果越多，性體朗現之程度既越徹盡。船山亦通過論述才之意義，強調儒家義理中通過後天學習下學以上達之可能。

第五節　結　論

綜上所述，本文以王船山義理視域下《孟子》之「情」、「才」觀為論述之中心，並經由以上之討論，大體可以對船山對於「情」、「才」觀之詮釋，能有一個較完整之理解與疏解。我們可見船山對於《孟子》「情」、「才」之詮釋面向，窺

---

49 清・王夫之，《周易外傳》（北京：九州出版社，2010），頁166。

50 陳祺助，《王船山「道德的形上學理論」之開展》（高雄：麗文文化事業股份有限公司，2012），頁278。

51 王夫之，《讀四書大全說》，頁672。

見其欲通過對於詮釋與批判先儒之言說，從而建立自我之義理。船山別於先儒，特別將「性」、「情」、「才」各別獨立而言說，此誠然非孟子之原意。

就「情」而言，孟子乃是通過情證實性善，是以情乃為性之內容；然船山則將喜怒哀樂等七情視為「情」，此種詮釋方式乃是就生活世界而觀之，換言之更為體貼於人臨事當下展現情之真實感受。

就「才」而言，孟子之原意為材質，而人在道德實踐時，才是否得以充分擴充僅與人之形體相關。然依程朱理氣二分之義理視域而言，其肯定儒家性善之旨，而將不善之因歸於才，藉此以為人之所以不善進行辯解。然船山則提出不同之見解，其再再強調之處即在於「顯此理於外，為情；思此理，行此理，以顯此理之能，為才。」[52]人之情、才是否能依於自我之性而有所呈現。

總而言之，我們欲定位船山《孟子》詮釋於儒學史中之特色，可通過船山之詮釋而見其肯定人後天努力之日新其德，強調人性並非一成不變，人之性唯有透過落實於情、才之處而得以日漸增益，「一切現象於變化日新之餘，更有道德事業，歷史文化之凝成而具積極之意義。」[53]人之工夫實踐亦須在此動態之歷程中展現儒家人文化成之真精神。

---

52 唐君毅，《中國哲學原論・原教篇》，頁 564。
53 曾昭旭，《王船山哲學》（臺北：里仁書局，2008），頁 293。

第七章　論王船山詮釋視域下《老子》的「生機」觀

第一節　前　言

儒、道、佛是中國學術思想的三大長流，此三者之相互詆斥、激蕩與融攝，向來為中國學術思想史上之重要現象，亦為學者研究之重要課題。而在明清鼎革之際，中國文化思想史發生一次大變動，「晚明諸儒起來，激于王學流弊，又受時代刺激，頗想由宋明重返到先秦。他們的思想，顯然從個人轉向於社會大羣，由心性研討轉向到政治經濟各問題。由虛轉實，由靜返動。由個人修養轉入羣道建立，這是晚明儒思想上一大轉變。」[1] 這時期諸儒們的學術著作，針對宋明理學重心性修養輕人文實功進行批判，企圖重建儒家義理中經世濟民的實學精神，以面對時代的更迭，尋找價值的轉型。

處在時代如此動盪不安的儒者王夫之（1619-1692年，字而農，又字薑齋，湖南衡陽人。晚居湘西石船山，學者尊稱

---

1 錢穆，《中國思想史》（臺北：臺灣學生書局，1983），頁 244。

為船山先生）乃為明清之際重要的思想家，唐君毅先生總結
宋明理學及反省「明末王學流弊」，並進而推尊王船山哲學：
「惟船山竄身猺洞，發憤著書，其哲學思想最為夐絕。船山
本其哲學思想之根本觀念，以論經世之學，承宋明儒重內聖
之學之精神，而及于外王，以通性與天道與治化之方而一之
者，惟船山可當之耳。」[2]船山思想宏博，注疏遍及儒、道、
佛三家經典，由於明清之際受陽明後學之影響，社會陷溺於
「蕩之以玄虛」[3]之風氣，船山欲積極重振儒家義理，嚴斥
佛、道之義理；並透過嚴斥與批判從而建立自己的思想體
系。然船山亦在嚴斥與批判之過程中，對於佛、道義理亦有
所吸收與會通。職是此故，船山如何理解與批判佛、道義理，
進而維護聖道，對抗佛老。嚴辨儒道分際，相當值得我們進
一步探究。

　　儒道兩家之交涉，從表面之泛說析論，到深層之互注經
典，對於士大夫與社會之影響力雖互有消長，彼此間之交涉
卻日趨頻繁。宋元之際的杜道堅曾說：「道與世降，時有不
同，注者多隨時代所尚，各自其成心而師之。故漢人注者為
『漢老子』，晉人注者為『晉老子』，唐人、宋人注者為『唐
老子』、『宋老子』。」[4]當時的學者便已意識到，在不同時代
之需求下，注經者以自我視域投射於《老子》義理的詮解之
中，所呈現出來之不同面向，每個時代的學者對於《老子》

2　唐君毅，《中國哲學原論・原教篇》（臺北：臺灣學生書局，2004），
　　頁 515。

3　明・黃宗羲，《明儒學案》（臺北：世界書局，2014 年），頁 704。

4　熊鐵基、馬良懷、劉韶軍，《中國老學史》（福州：福建人民出版社，
　　1995），頁 773。

義理義理之詮解，皆透露出一個共同意志，藉以響應當代政經、學術、文化等種種課題。而船山對於《老子》義理之理解，主要是在其《老子衍》一書中，此著作前後經過三次修訂，船山曾於此書序而言：「閱十八年壬子，復位于觀生居。明年，友人唐端笏須竹攜歸其家，會不戒於火，遂無副本。更五年戊午，男敔出所藏舊本施乙注者，不忍棄之，復錄此編。壬子稿有後序，參魏伯陽、張平叔之說，亡之矣。」[5]析言之，《老子衍》前後共有三個版本：第一個版本，作於船山三十七歲，此時船山一面誓死抗清，閒暇之餘一面著手注解《老子》；第二個版本，為十八年後的壬子年復位本。此本較前本多了《後序》，內容上亦針對初稿有所修正。卷末的《後序》，乃參考道教人物魏伯陽、張平叔之見解所撰成之序文，惜已於來年焚毀於門人唐端笏家中；第三個版本，為康熙十七年戊午，船山之子王敔所出藏本，亦為現行流通本。此本無壬子年復位本中《後序》，增加了王敔的纂注。由此我們亦可看出《老子》義理在船山心目中自有其地位。然我們要進一步追問的是，一生堅守儒家義理並奉為聖道的船山，何以對《老》學展現濃厚興趣？而船山又如何看待儒、道兩家之義理關係？

目前學界在研究船山《老》學多以集中在其《老子衍》之詮釋上[6]，然由於船山著作豐富，義理學說遍佈諸作，且互

---

5 清・王夫之，《老子衍　莊子通　莊子解》，北京，中華書局，2009），頁4。

6 如孫華璟，〈論王夫之《老子衍》中的經典詮釋〉，《國文學報》42（2007：12）：87-119。鄧聯合，〈論王船山《老子衍》的詮釋進路〉《哲學研究》8（2017：8）：52-60。

有牽連，故於《老子衍》一書之外，亦參照船山其它相關著作，冀能對《老子》之義理能有正確之理解與把握。最終對上述問題提出較為合理之解釋。筆者不辭鄙陋，願在前賢的基礎上為之發明，以求教於方家。

　　以下即依上述架構，逐步展開疏解。

第二節　王船山詮釋視域下對於《老子》義理的理解與批判

　　《老子衍》為船山於三十七歲時所完成的第一本義理著作[7]，亦為一部以評論老子思想、拓展老子義理之著述。船山在《老子衍》序文中即言，其作此書之用意，是為別儒於老，別老於佛，還其原貌：

> 昔之注《老子》者，代有殊宗，家傳異說……舍其顯釋，而強儒以合道，則誣儒；強道以合釋，則誣道；彼將驅世教以殉其背塵合識之旨，而為蠹來茲，豈有既與！夫之察其詩者久之，乃廢諸家，以衍其意；蓋

7　此為劉春建根據船山於 1665 年所完成的《讀四書大全說》中所言「詳見愚所著《周易外傳》」之語，推斷船山《周易外傳》應成書於 1655 年後幾年，亦即 1655 年至 1665 年間，是以《老子衍》應為船山所完成的第一本義理著作。詳細請參劉春建，《王夫之學行系年》（鄭州，中州古籍出版社，1989），頁 67。

入其壘，襲其緇，暴其恃，而見其瑕矣，見其瑕而後道可使複也。[8]

船山指出歷代注釋《老子》之學者，往往牽強附會《周易》、佛理，使得《老子》的歷代注解顯得支離繁碎。無法使後人見到老子義理之真實面貌。是以船山為了釐清《老子》義理的全貌，並擺脫歷代學者援引儒家、佛家義理詮解《老子》之缺失，必須要依據原典，擺脫「以儒釋老」、「以佛釋老」之詮釋進程；深入地探索《老子》所蘊涵之義理，「以老釋老」方能進而掌握《老子》思想並暴露《老子》思想中的缺失。真切地體悟其意，最後提出批判，以讓後人浚其源，而能復歸於「禮樂以建中和之極者」[9]之儒家正學。

　　然而，我們可就《老子衍》一書中發現，船山實未遵循「以老釋老」之詮釋進路，其緣由即在於「作為以捍衛儒學純潔性為己任的大儒，船山不可能拋開其以正學之維護者自許的立場而對老子的『邪詖之學』施以如其所是的闡說。」[10]且船山認為「古今之大害有三：老、莊也，浮屠也，申、韓也。……源起於佛、老而害必生。」[11]佛、老、申韓三者相沿以生而為禍烈。而三者之相沿之中，究其原，船山首要批判之目標即為《老子》之義理。

　　復次，船山接著指出《老子》義理中本有之瑕疵：

8　王夫之，《老子衍　莊子通　莊子解》，頁 3。
9　王夫之，《老子衍　莊子通　莊子解》，頁 3。
10　鄧聯合，〈論王船山《老子衍》的詮釋進路，《哲學研究》8（2017：8）：53-54。
11　清·王夫之，《讀通鑒論》中冊（北京，中華書局，2013），頁 515-517。

> 夫其所謂瑕者何也？天下之言道者，激俗而故反之則
> 不公；偶見而樂持之，則不經；鑿慧而數揚之，則不
> 祥。三者之失，老子兼之矣。[12]

船山以為《老子》義理犯有三項瑕疵。所謂之「不公」、「不經」與「不祥」，即是船山就《老子》義理之根源性而言，其以為《老子》之義理乃有欲消解人社會中的衝突現象，然其消解之方式是以逆反現實禮制之形式。且《老子》之義理雖有助於我們復歸於人性常道，然實則僅是靈光一閃之奸巧、穿鑿附會，並非全面地彰顯道之存在。若人執著於此偶見而四處張揚，易有過於偏激之可能，而無法成為經常之道。排斥生活世界中之一切禮制，反對社會現實，是以具有局限性而不足以涵蓋全面，此便是造成人文社會禍端的先兆。

　依船山看來，《老子》之道與儒家之聖道相比，儒家之聖道方為人之常道。其緣由在於《老子》之道是「閉之戶牖，無有六合；守之酣寢，無有風雷；至人無涯之化，赤子無情之效也。」[13]析言之，船山認為老子之道的體現只是將自我隔絕，不與外物相感通，從而保持自我無情欲意念之狀態。是以船山批判《老子》義理之赤子之情實則為棄絕人情，即如「天下之情，不可因，不可革；太上之治，無所通，無所塞。……而人乃廢然而稱之曰我自然。」[14]《老子》之義理僅是要求世人遵循自然無為之道，虛處於生活世界之中，人

---

12 王夫之，《老子衍　莊子通　莊子解》，頁3。
13 王夫之，《老子衍　莊子通　莊子解》，頁30。
14 王夫之，《老子衍　莊子通　莊子解》，頁12。

之情感不因不革，坐待天下萬物之自然化成而逃遁避世。是以就船山之詮釋視域而言，「老子病根所在只是外物。他真是個純客觀、大客觀的哲學。自己常立在萬物之表。」[15]《老子》義理所追尋之境界，實則為無人情之發用，無人情之發用則無法落實人倫禮制，人倫禮制無法安立，「而人心之壞，世道之否，莫不由之矣」[16]，終而造成社會大亂。

　　然我們要進一步追問的是，《老子》第六十七章中所言之慈、儉、不敢為天下先之三寶，是否可與儒家義理所崇尚之價值觀有所互通？船山的答案是否定的：

> 終日慈，而非以肖仁；終日儉，而非以肖禮；終日後，而非以肖智。善無近名，名固不可得而近矣。無已，遠其刑而居於無跡，猶賢于「肖」跡以失真乎！[17]

析言之，船山乃就儒家義理之詮釋進路而言，《老子》義理中慈、儉、後之義蘊在表面上雖與儒家義理仁、禮、智有近似之處，然就內蘊而言，則不可混為一談，以《老子》義理之慈、儉、後替換儒家義理的仁、禮、智。由此亦可看出船山以儒釋老的詮釋視域，進而批判《老子》義理毀人倫棄物理之處：

15　馬一浮，《泰和宜山會語合刻》（臺北，廣文書局，2017），頁54。

16　清・王夫之，《禮記章句》，《船山全書》第四冊（長沙，嶽麓書社，2011），頁1246。

17　王夫之，《老子衍　莊子通　莊子解》，頁6。

> 「爭」未必起於「賢」，「盜」未必因於「難得之貨」，
> 「心」未必「亂」於「見」可欲。[18]

船山指出社會中種種衝突對立之現象，其背後必有根源，為
了調和對立面的衝突並止息一切，船山進而提出「『虛』者歸
『心』、『實』者歸『腹』、『弱』者歸『志』、『強』者歸『骨』」
[19]四種修養工夫，然船山提出修養工夫之旨趣並不是《老子》
義理中所言消解人之欲望；而是旨在人欲中體現天理，達成
對立面矛盾衝突之現象得以調和消止，並據此作為人修養工
夫之入手處。進而能體現「隨處見人欲，即隨處見天理」[20]，
理欲合一之旨。

　　綜上所述，我們可以看出船山在詮釋《老子》時，並非
如其所言是以《老子》義理之視域出發，遵守《老子》原文
中的義理旨趣；相反的，船山是以儒家義理之詮釋視域，嘗
試將《老子》之義理「一是為了撥正歷來解《老》中的誤釋，
還《老子》以本來面目；二是為了曝顯老子之失，為歸正於
儒家立其基礎。」[21]誠然船山對於《老子》之詮釋進路是否
客觀公允，是否有還給《老子》義理真實樣貌，此尚有討論
空間，然此並非本文所欲討論之問題。船山欲通過其創造性
的詮釋，企圖導正社會因「合佛、老以圉聖道，尤其淫而無

18　王夫之，《老子衍　莊子通　莊子解》，頁6。
19　王夫之，《老子衍　莊子通　莊子解》，頁6。
20　清‧王夫之，《讀四書大全說》下冊（北京，中華書局，2011），頁
　　520。
21　張學智，〈王夫之衍《老》的旨趣及主要方面〉，北京大學學報（哲
　　學社會科學版）3（2004：5）：72。

紀者也」[22]所導致之不良風氣。並藉由批判佛、老之義理，加以汰瀘儒家義理中佛、老之成份，使儒家聖學之正統性得以彰顯。

第三節　王船山詮釋視域下對於《老子》義理的轉化與重構

誠如前文所述，我們對於船山如何理解並批判《老子》之義理能有一定的理解，然我們要進一步追問的是，既然船山之詮釋進路並非是以「讓《老子》回歸《老子》」之形式；而是對《老子》之義理 「置之於儒學之道德系統之下，以儒學之最高義理為標準以衡定之，戒其私言，浚其深意，而引之歸於正道。」[23]職是此故，船山欲透過其儒家義理之視域詮釋《老子》，將其轉化、加以梳理，嘗試解決《老子》義理中可能存在之局限，以使《老子》義理能「復歸於儒家之道」而實踐裁成之旨趣。

船山以為《老子》義理最大之缺點在於「老氏僅有一端之知，……執一廢百，毀乾坤之盛。」[24]析言之，在船山的理解下《老子》乃是以截然對立之視域看待生活世界中事物現象之兩端。職是此故，船山提出「兩端一致」論將《老子》

22　清・王夫之，《張子正蒙注》，北京，中華書局，2011），頁 11。
23　曾昭旭，《王船山哲學》（臺北：里仁書局，2008），頁 235。
24　清・王夫之，《周易外傳》（北京：九州出版社，2010），頁 139。

義理之義蘊加以轉化與重構，「兩端一致」論乃為船山哲學體系中之重要概念，在船山所詮解之相關儒家義理之著作中皆可見此概念。然「兩端一致」論之提出，最早則出現於船山對《老子》第二章之注解時，船山進而闡明其「兩端一致」論：

> 天下之變萬，而要歸於兩端。兩端生於一致，……據一以概乎彼之不一，則白黑競而毀譽雜。聖人之『抱一』也，方其一與一為二，而我徐處於中；故彼一與此一為壘，乃知其本無壘也，遂坐而收之。壘立者『居』，而坐收者『不去』，是之謂善爭。[25]

船山首先指出天地萬物千變萬化，然可歸納為對立之兩端，此兩端實出於一個總體。船山承認世間有許多相對立的價值，而人所身處之生活世界中所蘊含之種種對立面，乃為彼此影響而互相滲透，船山試圖由對立面之互相激蕩而不斷分化的過程，進而替世間種種相對立之價值尋找根源。而這些對立之價值，實源自於「道」。是以其主張人以超越之視域看待世間既有之對立，不直接涉入具體之衝突，「將天下的萬變推而為『常』與『變』兩端，而常變是相依待而成的，常中有變，變中有常，兩端歸為一致，一致即含兩端。」[26]換言之，船山以為世間之價值就表面言之看似對立，然就根源而

---

25 王夫之，《老子衍 莊子通 莊子解》，頁 5-6。
26 林安梧，《王船山人性史哲學之研究》（臺北：東大圖書股份有限公司，1987），頁 89。

言並無絕對性之衝突。而人抱持著道,「注重事物的整體聯系,不片面孤立的來看待事物。就事物的發展而言,每個階段都不能單獨分割,它是一個連續性的存在。」[27]是故能超越生活世界中之種種衝突,進而使儒家之道獲得開顯。

　　然我們要進一步追問的是,對於船山之詮釋視域而言,何謂「兩端」與「一」?以及「兩端」究竟該如何歸於「一致」?

> 兩端者,虛實也,動靜也,聚散也,清濁也;其究一也。實不窒虛,知虛之皆實。靜者靜動,非不動也。聚于此者散於彼,散於此者聚於彼,濁入清而體清,清入濁而妙濁,而後知其一也,非合兩而以一為之紐也。[28]

船山認為這兩端看似截然對立、壁壘分明,然實則各自包含另一個對立、相反之一端。如虛以成實,而實中有虛;動乃由靜而動,靜乃由動而靜;聚乃合已散開之事物,散乃散開已聚合之事物;清可擾動而混濁,濁可經沉澱而清。職是此故,不論是虛實、動靜、聚散、清濁皆為互相包含,互相含攝之現象,只是一體之兩面,實際上此兩面乃通而為一,為同一個整體。是以「兩端」實則為「一」。「兩端」實就生活

---

27 林文彬,〈王船山《老子衍》義理淺析〉,《興大中文學報》18(2006:1):11-12。

28 清‧王夫之,《思問錄》內篇,明‧黃宗羲,清‧王夫之,《黃梨州王船山書》(臺北:世界書局,2015),頁12。

世界中之現象作用而言；「一」乃就總體之價值本源而言。是以船山言：「兩端者，就其委之辭也；一者，溯其源之辭也。」[29]現象之兩端有著復歸平衡一致於價值本源之能力，而復歸後之境界，船山則稱此「兩者相耦而有『中』。『悅惚』無耦，無耦無『中』。而惡知介乎耦？則非左即右，而不得為『中』也。『中』者，入乎耦而含耦者也。」[30]析言之，船山以為所謂的「中」是在相對耦的兩端之間可得之，不偏執於兩端之任一端，兩端是相輔相成，通而為一；職是此故，船山指出若人「執偏執餘以盡之，宜其憎乎物而傷乎己也。」[31]若人執著於道之偏餘，則兩端或「一」易陷溺割裂或孤立而無法體現整全之道的無窮盡之感。是以船山又言：「規于一致而昧于兩行者，庸人也；乘乎兩行而執於一致者，妄人也。」[32]人唯有在不斷的兩端互動中以開展其意義而無所偏執。體即用，用即體，體用相涵相即，人即能不庸不妄，使自我之生命清通不隔，進而能復道之整全。

　　復次，船山的「兩端一致」論在詮釋《老子》第十一章時便對《老子》義理「貴無」加以浚深其義：

　　　造有者，求其有也，孰知夫求其有者，所以保其無也？經營以有，而但為其無，其樂無哉？無者，用之藏也。物立乎我前，固非我之所得執矣。象數立於道前，而

---

29 清・王夫之，《尚書引義》（北京，中華書局，2011），頁 105。
30 王夫之，《老子衍　莊子通　莊子解》，頁 14。
31 王夫之，《老子衍　莊子通　莊子解》，頁 15。
32 王夫之，《周易外傳》，頁 227。

道不居之以自礙矣。……故避其堅，攻其瑕，去其名，就其實，俟之俄頃，而萬機合於一。[33]

《老子》所言乃是以車轂、器皿、屋室為例，說明諸器皆因「當其無而有其用」，進而強調「無」之作用；而船山以為，若只執於無則有為偏執之可能。是以船山主張天地萬物之存在皆為客觀之實有，客觀實有乃保住「無」之體，有「體」方可致其「用」而「無」乃是用之藏、是客觀實有所涵藏之體，若空有「體」而不落實其用，則其體亦廢。是以船山強調「君子不廢用以立體，則致曲有誠，誠立而用自行；逮其用也，左右逢源而皆其真體。」[34]「有無」必須並重，體用二者相互涵攝，缺一不可。此即為船山「兩端一致」之詮釋視域下「道」之體現與落實。

　　綜上所述，即為船山透過其「兩端一致」之詮釋方式導正《老子》義理中「以為分析而各一之者，謂陰陽不可稍有所畸勝」[35]偏蔽於一端或割裂看待兩端之弊病，對《老子》義理不合於儒家正道的部分進行轉化與重構，「《老子》思想經王氏此番改造後，一套兼含儒、道二家優點之思想體系重現於世。」[36]船山通過以「兩端一致」論轉化與重構《老子》義理中的「虛無」，將「虛無」轉化為儒家義理的「實有」，進而將《老子》之道轉化為以儒家義理通貫心性修養與人文

33　王夫之，《老子衍　莊子通　莊子解》，頁9。
34　王夫之，《思問錄》內篇，頁18。
35　王夫之，《周易外傳》，頁149。
36　孫華璟，〈論王夫之《老子衍》中的經典詮釋〉，《國文學報》42（2007：12）：116。

實業兩端為一致之聖學正道。

第四節　王船山詮釋視域下對於
《老子》義理的肯定與汰濾

　　誠如前文所述，船山對《老子》義理最大的批判，在於其毀人倫棄物理之論。然值得一提的是，船山並非完全否定《老子》之義理，其在詮解《老子》第五十二章時，加以肯定《老子》義理中所蘊含「生動」之旨趣：

> 言始者有三：君子之言始，言其主持也；釋氏之言始，言其涵合也；此之言始，言其生動也。夫生動者氣，而非徒氣也。但以氣，則方其生動於彼，而此已枵然矣。盈于彼，不虛於此；先天地生，而即後天地死；其息極微，用之無跡。……生息無窮，機漾於渺。[37]

析言之，船山于此章詮解時界定儒、佛、道三家義理之不同。首先船山以「主持分劑」界定儒家義理，意指儒家義理之旨趣在於天道二氣「乾坤並建而捷立」[38]之一動一靜、一闔一闢、主持分劑之調和之流行下，人能儘自我之性之同時並積極建造人文化成之社會。復次，船山以「涵合」界定佛家義

---

37 王夫之，《老子衍　莊子通　莊子解》，頁 28。
38 王夫之，《周易外傳》，頁 213、149。

理,意指佛家義理之旨趣在於「性本真空,天地皆緣幻立。」[39]亦即告誡人要體悟生活世界中之萬相萬物皆為虛幻不實而無自性,是以勿執著於生活世界之恒常。最後船山以「生動」界定《老子》,意指《老子》義理之旨趣在於「不生者能生生,是之謂玄牝。」[40]亦即肯定人若能體悟此生生不已之源以觀生活世界中萬事萬物之變,而知天地萬物「恒生於動而不生於靜」[41],於變動中表彰其無窮不息之生機。

我們亦可由船山詮解《老子》第二十三章時,見其闡述並肯定《老子》義理中「生機」之義蘊:

我們亦可由船山詮解《老子》第二十三章時,見其闡述並肯定《老子》義理中「生機」之義蘊:

> 天地違其和,則能天,能地,而不能久。人違其和,則能得,能失,而不能同。⋯⋯不知廣大一同,多所不信,坐失常道,何望自然哉?凡道皆道,凡德皆德,凡失皆失。道德樂游於同,久亦奚渝?喜怒不至,何風雨之愆乎?[42]

析言之,船山即指出以陰陽二氣之兩端的交相感應,只是天地事物發展之初始,「陰陽二氣是易的兩體,兩者雖然異質而相對,但能交相感應以生成萬物。⋯⋯個體雖然都獨特相異,

---

39 王夫之,《張子正蒙注》,頁 10。
40 王夫之,《老子衍　莊子通　莊子解》,頁 7。
41 王夫之,《讀四書大全說》下冊,頁 682。
42 王夫之,《老子衍　莊子通　莊子解》,頁 15。

並不封限在自己生命的內部，而是願意讓自己與他者構成內在交感相通的共在關係。」[43]其最終乃是陰陽二氣氣化聚散之兩端歸於一致之平衡調和。職是此故，就船山之詮釋視域而言，人若無法體悟天地萬物之變化流行乃天地萬物之本然，當天地萬物有所生變，人無法「止其躁動窒塞之情」[44]，於臨事之當下有違亂事而無法保持常道。

　　由此，船山以《老子》義理宇宙生成論中「生機之往來」[45]之旨趣，進而重構《老子》之旨意，指出人若能體悟萬物氣化迴圈生生不息之理，從而應用於人生哲理之灑掃應對進退之中，進而能起「知機遠害」之用：

> 夫天有貞一之理焉，有相乘之幾焉。知天之理者，善動以化物；知天之幾者，居靜以不傷物，而物亦不能傷之。以理司化者，君子之德也；以機遠害者，黃老之道也。[46]

析言之，船山所謂「貞一之理」若就天道而言，乃指歷史變動發展歷程中之恒常不變之理；若就人道而言，則在人之本心本性。而船山所謂「相乘之幾」，乃指人於開展其自我生命史之動態過程中，必有其曲折之變動與發展。此即為船山所謂：「天下不可易者，理也；因乎時而為一動一靜之勢者，幾

43 劉滄龍，《氣的跨文化思考──王船山氣學與尼采哲學的對話》（臺北：五南圖書出版股份有限公司，2016），頁 8。
44 王夫之，《張子正蒙注》，頁 57。
45 王夫之，《老子衍　莊子通　莊子解》，頁 23。
46 王夫之，《讀通鑑論》上冊，頁 46。

也。」[47]職是此故，船山認為若人能體悟「理」與「機」皆依循消長迴圈的規律流行，順應天理從而於臨事之當下採取適當的抉擇，進而得以使現實情境朝向合於天理的發展。在此我們亦可看出船山「兩端一致」之詮釋視域下「理機合一」的思維方式。船山接著藉「理」與「機」之兩端，從而論述並比較二者之差別，兩者之差別即在於「理」乃為是形上本體之理，能不斷作用，參贊天地之化；而「機」僅能居靜觀勢，遠害避凶，雖能保得物我不兩傷，然亦失去「機者，方進其退，方退其進」[48]所本具的積極變動之功用。

職是此故，船山據以「理」與「機」之差別，分判儒、道二家義理之差異：儒家之君子，據德依理而能不斷積極參贊天地萬物，並掌握事物消長變化之開端，知道事態之發展方向，進而能知道何時可以採取行動以參與事物發展變化，何時須靜待而保身遠害，通過終而能創發自我生命價值之意義；黃老之徒，僅能靜觀萬物而保身遠害，卻無法使自身內在之心性與外在之具體情境在互動辯證之發展得以合情合理。換言之，船山是以「理」為立人極之常道；「機」僅為「一種動能或事物蓄勢待發的運動狀態。」[49]「機」若離於「理」而言，僅為「小人之動也，一榮一辱而志移，一喜一怒而情變；持兩端以揣勢，分兩念以圖全。」[50]極易使人之思想成為深奧難測、暗藏詭詐之私謀權術。

---

47 王夫之，《讀通鑑論》中冊，頁 405。
48 王夫之，《老子衍　莊子通　莊子解》，頁 8。
49 胡發貴，《王夫之與中國文化》，貴陽：貴州人民出版社，2001），頁 272。
50 王夫之，《周易外傳》，頁 179。

我們亦可在《莊子解》中，見船山指出《老子》義理可能呈現之弊：

> 老子知雄而守雌，知白而守黑；知者博大而守者卑弱，其意以空虛為物之所不能距，故宅於虛以待陰陽人事之挾實而來者，窮而自服。是以機制天人者也。陰符經之說，蓋出於此。以忘機為機，機尤險矣。[51]

析言之，船山認為《老子》之義理以據「虛」而發「機」，亦即人獨自靜觀萬事萬物之流變，易產生於私意權謀之思想，即如申、韓之法家思想或孫、吳之兵家思想，而流於險側之枝機。是故船山認為《老子》義理「知機」之旨趣，仍須是據儒家義理之「理」而行，方可避免陷於知機遠禍，「一個機字，看著有難處，便躲閃」[52]之私意而不依理之弊病。

綜上所述，我們可以確認船山肯定《老子》義理於亂世當中可起補偏救蔽的作用：「世移道喪，覆敗接武，守文而流偽竊，昧幾而為禍先，治天下者生事擾民以自敝，取天下者力竭智盡而敝其民，使測老子之幾，以俟其自復，則有瘳也。……用是物也，較之釋氏之荒遠苛酷，究於離披纏棘，輕物理於一擲，而僅取歡於光怪者，豈不賢乎？」[53]析言之，船山以為儒家最重禮樂教化，是以具有安定世道之功能。然《老子》義理僅能用於亂世，非恒久經常之大道，是故在船

---

51 王夫之，《老子衍　莊子通　莊子解》，頁358。
52 王夫之，《讀四書大全說》，頁372。
53 王夫之，《老子衍　莊子通　莊子解》，頁3-4。

山之詮釋視域下,《老子》義理之價值仍次於儒家義理。然通過船山對於《老子》義理之重構,將原本《老子》義理恐有私謀權術之成份汰濾之後,而能「會通於一也……皆協一而不相悖害。」[54]兼采儒、道兩家義理之優點,進而能起人文化成天下之功。

第五節　結　論

綜上所述,本文以船山哲學視域下《老子》的經典詮釋為論述之中心,並經由以上之辯證詮釋、比較分析,大體可以對船山哲學視域下《老子》的義理,能有一個較完整之理解與疏解。我們亦可得出以下三點結論:

首先,我們可以確定船山乃是以儒家聖道為其心目中之最高準則從而評斷《老子》義理之得失。是以船山主觀之詮釋勢必無法如其所言達到「以老釋老」之客觀目的,而是成一家之言。然船山注經之終極目標是在以堅守儒家正統經世濟民之義理,匡正明末以降的崇尚心性修養之學術思潮及社會風氣,職是此故,船山對於《老子》義理之理解與批判,有其時代意義與限制。

復次,船山通過儒家義理之視域詮釋《老子》義理,並指出《老子》義理中所可能蘊含之缺失,是以船山提出「兩端一致」論嘗試轉化與重構《老子》義理。進一步而言,船

---

54 王夫之,《張子正蒙注》,頁 55-56。

山的「兩端一致論」，除了做為一個學術詮釋意義上的思維模式之外，亦可做為本體宇宙論意義的表述，或工夫修養的體證，亦可具人文教化之意義。[55]據此而言，船山之詮釋有助於反省老學末流所可能造成之弊病。

　　再次，船山雖對於《老子》義理有諸多之批判，然船山並非完全否定《老子》之義理；船山肯定《老子》義理對於「生機」之旨趣，並進而引申為人於亂世中見機行事，以遠禍避害，保全自我之生命；於盛世中，則仍須「理機合一」，方可開創禮樂實業之功。

　　總而言之，誠如船山所言，其詮釋《老子》之目的，乃是使《老子》義理能通過「兩端一致」論使儒道兩家義理能「擴然會通，以折中之」[56]匯觀兩家義理同與異，並取得兩家義理之平衡點，以儒通道。在此兩端歸於一致的會通之下，船山之詮釋在儒道交涉之論題上饒具意義。我們亦可看出船山認為唯有透過此種詮釋方式，在明清鼎革之際能恢復文化道統，延續民族命脈，為家國社會提供安頓生命之道。

　　希冀透過拙作對於探討船山哲學視域下《老子》的經典詮釋，能提供一個新的詮釋視域，從中建立擴展新的詮釋視域之可能。

---

55 曾昭旭，《存在感與歷史感——論儒學的實踐面向》（臺北：臺灣商務印書館股份有限公司，2003），頁 2-10。
56 王夫之，《讀通鑑論》中冊，頁 436。

第八章　論王船山詮釋視域下《莊子》的生死觀

第一節　前　言

　　明清之際，莊學興盛，注莊學者遍及三教九流各色人等，詮釋莊子之形式不拘一格，文章多生動活潑，義理亦發揮尤多。而當時士人們普遍的遺民心理，使得他們一方面將心靈寄託於莊子義理之上，另一方面又對傳統注莊將莊子與老子視為道家或道教產生質疑。職是此故，士人們通過詮釋進而重新定位與評騭《莊子》義理而有「托孤說」、「易莊會通說」、「莊屈合一說」等等詮釋[1]，援莊入儒蔚為一時學術風氣。

　　身為明遺民且堅守儒家義理的王船山，其曾指出：「古今之大害有三：老、莊也，浮屠也，申、韓也」[2]，其不滿道家

1　「托孤說」的標舉者為覺浪道盛；「易莊會通」的標舉者為方以智以及錢澄之；「莊屈合一」的標舉者為屈大均。詳細可見謝明陽，《明遺民的莊子定位問題》（臺北：國立臺灣大學出版中心，2001），頁37。

2　清・王夫之，《讀通鑑論》中冊（北京，中華書局，2013），頁 515-517。

與佛家義理之意顯而易見。職是此故，船山對於晚明「三教
合一」思潮下之種種儒釋道互釋之說，船山深有警惕，並加
以批判。然船山在其六十歲注莊時嘗言：「內篇雖與老子相
近，而別為一宗，以脫卸其矯激權詐之失。」又說：「凡莊
生之說，皆可因以通君子之道。」[3]是以我們要追問的是，船
山為什麼要將老、莊區分開？其用意為何？為什麼堅守儒家
義理的船山認為莊子之義理與儒家義理有可會通之處？職是
此故，若欲回應上述之問題，探討船山如何詮釋與定位莊子
義理是有其重要性的。

　　職是此故，本文的問題意識聚焦於船山對於莊子義理的
理解與批判，並從而論述船山對於莊子義理的肯定與會通，
最後論述船山對於莊子義理的援引與重構。

　　目前學界在研究船山《莊》學多以集中在其《莊子通》、
《莊子解》之詮釋上，然由於船山著作豐富，義理學說遍佈
諸作，且互有牽連，故於《莊子通》、《莊子解》二書之外，
亦參照船山其它相關著作，冀能對莊子義理能有正確之理解
與把握。最終對上述問題提出較為合理之解釋。作者不辭鄙
陋，願在前賢的基礎上為之發明，以求教於方家。

　　以下即依上述架構，逐步展開疏解。

3　清・王夫之，《老子衍　莊子通　莊子解》（北京：中華書局，2014），
　　頁150。

第二節　王船山詮釋視域下對於莊子義理的理解與批判

　　我們在船山三十七歲時所完成的著作《老子衍》與五十二歲所作〈老莊申韓論〉[4]中可窺見當時船山並未嚴格區分老、莊之別；反而認為「莊之為老釋矣。舍其顯釋，而強儒以合道，則誣儒；強道以合釋，則誣道。」[5]亦即船山將莊子視為老子義理之闡發者，並認為經典詮釋者應依據原典，擺脫「以儒釋老」、「以佛釋老」之詮釋進程；深入地探索《老子》所蘊涵之義理，「以老釋老」方能進而掌握《老子》思想並暴露《老子》思想中的缺失。然而作為堅守儒家聖學人文化成思想之船山，在其六十歲時，正避兵櫨林山中身陷險難之地，無法實踐其人文化成之理想，而有莊子祈免於羿之彀中之體悟。職是此故，船山開始著手詮釋《莊》學義理，並著有《莊子通》與《莊子解》二書，並「現漆園身」[6]，為門人講論莊子義理之旨趣。然值得一提的是，恪守儒家義理立

---

4 「薑齋文集硯銘有『壹拜稽首』之語，據序所言，作於庚戌，先生年五十二。」清‧劉毓崧，〈王船山先生年譜〉，《船山全書》第十六冊（長沙：嶽麓書社，2011），頁141。

5 王夫之，《老子衍　莊子通　莊子解》，頁3、45。

6 「先生說《南華》於湘西之別峰。……公諸海內，使知先生現漆園身而為說法。」清‧羅瑄，〈刊王船山莊子解跋〉，《船山全書》第十六冊，頁397。

場的船山堅定申明「予固非莊生之徒也」。[7]其僅是借莊子義理在困境中避禍遠害以保存自我之生命，其生命內在仍是嚴守「求仁之心」的儒者，以筆耕不輟、注疏立說之形式來承擔身為儒者所應有之立人道之極的理念與責任。

由此我們可看出船山在《莊子通》與《莊子解》這兩部著作中肯定莊子義理之處。然「一旦脫離《莊子》文本而轉到其他語境下，船山對莊子實際是以批評為主的。」[8]在此二書之外的其他著作中，仍有許多船山對於莊子義理之不認同處。是以，我們若要全面理解船山《莊》學之原貌。必須全而觀之，亦即從船山所著之其他著作中，細觀船山對於莊子義理之理解。

首先，船山即批評莊子義理有溺天道而廢人道之傾向：

> 其始也天化之，天之道也；其後也人化之，人之道也。天之道，亭之毒之，用其偶然，故嫩惡偏全、參差而不齊；人之道，熏之陶之，用其能然，則惡可使嫩，偏可使全，變化而反淳。……老、莊者，驕天下而有餘者也，絕學以無憂，與天而為徒，而後形之不善，一受其成型，而廢人道之能然，故禍至而不知其所自召也。[9]

7　王夫之，《老子衍　莊子通　莊子解》，頁 45。

8　鄧聯合，〈莊生非知道者──王船山莊學思想的另一面相〉，《文史哲》4（2014.7）：65。

9　王夫之，《讀通鑑論》上冊，頁 296-297。

船山據守儒家義理之立場，批判老子、莊子「以天道為真知，正是異端窠臼。」[10]偏重天道而忽略人道，終而易導致天人之間產生割裂之感。對於船山而言，人身形之始乃源於先天變化之偶然，因而會有良莠偏全、參差不齊之現象；而已生之後，則屬於後天人力之範疇。人藉由後天熏習陶冶，遂能使自我之形質由偏向全，而人之性亦能逐漸歸返為淳樸至善。船山據此嚴正劃分出天道與人道之分際並透露強烈的護教意味，批判老莊義理過於順從自然，忽略後天積習的重要性。

　　復次，船山指出莊子的「逍遙遊」，實則為逃避「人倫物理」之事：

> 莊子開口便說「逍遙遊」，弁髦軒冕，亦是他本分事，到來只是不近刑名，以至於嗒然喪耦而極矣。……萬裡明澈則樂，有片雲點染便覺悶頓，所以他怕一點相干，遂成窒礙，而視天下為畏塗；則所謂終日遊羿彀之中者，亦相因必至之憂。[11]

就船山看來，莊子所謂的逍遙無待僅是一己避禍自保之野徑，並非為儒家經常之大道。以儒家為宗的船山注重實學，對於人文化成之作用極為重視，絕對無法接受「莊子直恁說得輕

10　清・王夫之，《搔首問》，《船山全書》第十二冊（長沙：嶽麓書社，2011），頁 642。

11　清・王夫之，《讀四書大全說》上冊（北京：中華書局，2011），頁 309-310。

爽快利，風流脫灑；總是一個『機』字，看著有難處便躲
閃。」[12]只求自我精神之逍遙自得，卻忽略了自身的社會責
任。且對於船山而言，「君臣之義，上下之禮，性也。」[13]若
人逃避自我道德之責任，最終也僅是墮入虛無縹緲之境，對
於整體社會之提昇毫無意義價值可言。職是此故，船山進而
批評「莊生之沉溺於逍遙也，乃至以天下為羿之彀中，而無
一名義之可恃，以逃乎鋒鏑。」[14]析言之，莊子義理僅能作
為亂世中避禍遠害之用，絕非人安身立命之本。

　　正因莊子義理僅能成全一己之自安自適，而棄絕其應承
擔的道德責任，船山認為莊子義理最終會使人之生命陷溺於
「縱慾放誕」之境遇：

> 老之虛，釋之空，莊生之逍遙，皆自欲弘者；無一實
> 之中道，則心滅而不能貫萬化矣。……縱慾而習放誕，
> 以為不繫不留，理事皆無礙，而是非不立，與不肖者
> 之偷汙等矣。[15]

> 如莊子說許多汙漫道理，顯與禮悖，而擺脫陷溺之跡，
> 以自居於聲色貨利不到之境。到底推他意思，不過要
> 瀟灑活泛，到處討便宜。緣他人欲落在淡泊一邊，便

---

12 王夫之，《讀四書大全說》下冊，頁 372。
13 王夫之，《讀通鑑論》中冊，頁 434。
14 清・王夫之，《宋論》（北京：中華書局，2015），頁 201。
15 清・王夫之，《張子正蒙注》（北京：中華書局，2011），頁 135。

向那邊欲去，而據之以為私。……此情也，此意也，
其可不謂一己之私欲乎！[16]

在船山看來，人的欲望是可以區分「公誠私偽」[17]，亦即「私
欲」與「公欲」之辨。是以船山批評佛家義理與道家義理皆
僅是為自我之私欲而進行修養工夫，人一旦銷盡了情志欲望
以逃世，亦即同時逃避其原本應承負之責任。而船山所言之
公欲乃是「苟得其中正之節，……而適以順乎天理。」[18]換
言之，凡合乎中節之禮之欲皆可視其為天理之流行。對於船
山而言，作為儒家的君子，「凡事循理以導欲，從欲以合理，
不落入禁欲薄欲或縱欲的偏頗，才是真正穩固地予以感性欲
望以恰當的尊重與功能的發揮。」[19]是以船山絕對無法認同
崇尚莊子義理、消極而逃避責任的士人。

　　綜上所述，我們可以看到身為明遺民的船山雖因其坎坷
多舛的生命境遇，而無法實踐身為儒者修齊治平之理念，隱
世避禍的船山對於莊子義理從而有所感通。然對於嚴守儒家
聖學立場之船山，如何能「守正道以屏邪說」[20]、「明人道以
為實學，欲盡廢古今虛妙之說而返之實。」[21]以明確分辨莊

16　王夫之，《讀四書大全說》下冊，頁 377。

17　王夫之，《讀四書大全說》下冊，頁 372。

18　清・王夫之，《周易內傳》（北京：九州出版社，2010），頁 224。

19　陳振崑，〈明清之際王船山的「理欲合一」論〉，《哲學與文化》1
　　（2020.1）：60。

20　清・王敔，〈大行府君行述〉，《船山全書》第十六冊（長沙：嶽麓
　　書社，2011），頁 73。

21　清・王敔，〈薑齋公行述〉，《船山全書》第十六冊，頁 81。

子義理與儒家聖學之差異，進而能達到「見其瑕而後道可使復也」[22]之目的。

第三節　王船山詮釋視域下對於莊子義理的肯定與會通

　　船山在《莊子通》、《莊子解》二書之外，對於老、莊義理多是相提並論並嚴加批判之形式進行詮釋。然因其晚年生命之體驗，對於莊子義理有所體悟，是以船山在其晚年所著的《莊子通》、《莊子解》二書中加以嚴判老、莊義理之差異。例如船山指出莊子義理之源流，有別於老子，乃為「自立一宗」：

> 莊子之學，初亦沿於老子，而「朝徹」「見獨」以後，寂寞變化，皆通於一，而兩行無礙：其妙可懷也，而不可與眾論論是非也；畢羅萬物，而無不可逍遙；故又自立一宗，而與老子有異焉。老子知雄而守雌，知白而守黑。知者博大而守者卑弱……是以機而制天人者也。……以忘機為機，機尤險矣！若莊子之兩行，則進不見有雄白，退不屈為雌黑……嘗探得其所自悟，蓋得之於渾天，……乃其所師之天；是以不離於宗之天人自命，而謂內聖外王之道皆自此出……其高過於

---

22 王夫之，《老子衍　莊子通　莊子解》，頁3。

老氏，而不啓天下險側之機，……不至如老氏之流害
於後世。[23]

船山認為莊子義理起初是同於老子，然莊子在體悟（「朝徹」
「見獨」）[24]宇宙萬物之變化乃是氣的「即顯即微、即體即
用」[25]、無始無終的循環流行之後，從而契合於無所相耦對
待的天均之體[26]，人亦能體現「無天、無人、無吾、渾然一
氣」[27]之感，進而與宇宙萬物消融為一體，並據此消解偏見
與紛爭以超越生活世界中種種對立之現象，使自我之生命上
達至逍遙之境。

復次，船山進而申論老、莊義理不同之處。船山認為《老
子》之義理僅能靜觀萬物而保身遠害，卻無法使自身內在之
心性與外在之具體情境在互動辯證之發展得以合情合理。而
人獨自靜觀萬事萬物之流變，易產生於私意權謀之思想，即
如申、韓之法家思想或孫、吳之兵家思想，而流於險側之巧
詐，此非為儒家義理之正道。是故船山認為「天下之至險
者，莫老氏若焉。」[28]而申、韓、孫、吳思想中權謀機詐之
處，船山認為四人皆是竊取《老子》義理而有所發展，是以
法家與兵家思想與老子義理一樣嚴重流害於後世。然莊子義

23　王夫之，《老子衍　莊子通　莊子解》，頁 358-359。
24　「朝徹」一詞船山注曰：「如初日之光，通明清爽」；「見獨」一詞
　　船山注曰：「見無耦之天鈞」。王夫之，《老子衍　莊子通　莊子解》，
　　頁 137。
25　王夫之，《老子衍　莊子通　莊子解》，頁 353。
26　「一」字船山解曰：「一者所謂天均也。」王夫之，《老子衍　莊子
　　通　莊子解》，頁 351。
27　王夫之，《老子衍　莊子通　莊子解》，頁 283。
28　清・王夫之，《周易外傳》（北京：九州出版社，2010），頁 66。

理與老子、申、韓、孫、吳截然不同之處在於莊子以充塞於宇宙間的渾然一氣之聚散變化詮釋宇宙萬物之生起死滅，生活世界中之一切事物都在氣的大化流行中，渾然萬化而不出其大宗。

職是此故，船山認為老、莊之差別在於「老子恆退居岸上，靜觀萬物之遷流，而未嘗身處流中以與萬物共命，遂不免以窺機為手段，以逆臆天人而制勝，此老氏所以為險……至於莊子則不然，其所理會之虛，乃是即超越即實存之真實生機，故念念當下即是，不與物為對，而無一定之型可守，此所以謂之『渾天』也。」[29]船山正是基於「渾然一氣」之氣化流行，認為莊子義理不僅有別於老子，「不僅不是逃世之學，而且是『體用皆微』的『內聖外王』之學。」[30]並據此肯定莊子義理之旨趣高過於老子義理。

依船山之詮釋視域而言，莊子之義理乃是得於「渾天」之說，並將其判別為老莊義理差異之處，是以我們可以說莊子義理之旨趣亦必然統攝於「渾天」之下。然我們要進一步追問的是，究竟何為「渾天」之意？首先見船山言：

> 環中者，天也。六合，一環也；終古，一環也。一環圓合，而兩環交運，容成氏之言渾天，得之矣。除日無歲，日復一日而謂之歲，歲復一歲而謂之終古；終古一環，偕行而入替。無內無外，通體一氣，……渾

---

29 曾昭旭，《王船山哲學》（臺北：里仁書局，2008），頁 241。

30 李智福，〈王船山對莊子之學脈考察與思想接受〉，《孔子研究》1（2018.1）：124。

天之體：天，半出地上，半入地下，地與萬物在於其
中，隨天化之至而成。天無上無下，無晨中、昏中之
定；……人之測之有高下出沒之異耳。天之體，渾然
一環而已。春非始，冬非終，相禪相承者至密而無畛
域。其渾然一氣流動充滿，……宗動天之無窮，上不
測之高，下不測之深，皆一而已。上者非清，下者非
濁，物化其中，……，隨運而成，有者非實，無者非
虛。莊生以此見道之大圜。[31]

船山認為莊子義理之根源來在於「師天」之學，亦即以「宇宙」的整體視域觀看宇宙萬物之相耦與相化無區別可言，認清自我之存在僅是氣之短暫聚成而無所執著。而船山所謂的「渾天之體」，細言之乃流行不息、充塞宇宙之間、無所不在的「渾然一氣」，宇宙萬物之生成皆為其所化。此「渾然一氣」原是無形之「太虛之氣」[32]，氣聚成形則為有形之萬物，萬物氣散後又復歸於太虛，此即船山所謂：「聚而成形，散而歸於太虛，氣猶是氣也」[33]萬物皆處在「渾天」之內，「往而由

---

31 王夫之，《老子衍　莊子通　莊子解》，頁 303-304。
32 船山在注解「氣坱然太虛」時解曰：「坱然，猶言瀚然，充滿盛動貌。遍太虛中皆氣也。」王夫之，《張子正蒙注》，頁 11-12。然船山認為「太虛中皆氣」，且此氣清通而不可象，且不停在變化流行。是以我們不能將船山的太虛理解為氣之源，不管是形上的無形太虛　或是形下的具體器物，皆為氣之表現。而「太虛」僅為「氣」流行循環的其中一處。
33 王夫之，《張子正蒙注》，頁 8。

實返虛，必繼以來者之由虛入實」[34]，人與萬物皆在氣的大
化流行中生滅，如此周而復始循環不已的自然規律，則謂之
道。[35]

由於「渾天之體」乃「渾然一氣，無根可歸；則因時，
因化，因物，不言而照之以天。」[36]是以無時間與空間的截
然區別，任何區別皆為人後天為之。是以就時間言，「渾天」
無始無終，日復一日，歲復一歲，四季變化僅是不斷圜轉之
過程。就空間言，「渾天」至大無外、至小無內，無邊無際，
密移無間而不分畛域。亦即船山所謂：「觀渾天之體，渾淪
一氣，即天即物，即物即道，則物自為根而非有根，物自為
道而非有道。」[37]一方面，「渾天」依循著氣化流行之道以自
生自成之規律孕化人與萬物；另一方面，人應「從『天均』
而視之，參萬歲而合於一宙，周徧鹹乎六寓而合於一宇，則
今之有我於此者，斯須而已。」[38]析言之，在時間與空間的
圜轉過程中萬物皆是氣的短暫聚成，人亦不例外；太虛之氣
方為「一流行之生，一永恆之有」。[39]職是此故，船山即是據
此「渾天」為根，將老、莊義理不同處加以辨明，並會通儒、
莊之義理：

---

34 唐君毅，《中國哲學原論・原教篇》（臺北：學生書局，2004），頁
532。
35 「原天之成形也，凝而為土，孕而為人之官骸，皆因其道而為之貌，
因其貌而成其形，一也。」王夫之，《老子衍　莊子通　莊子解》，
頁122。
36 王夫之，《老子衍　莊子通　莊子解》，頁260。
37 王夫之，《老子衍　莊子通　莊子解》，頁258。
38 王夫之，《老子衍　莊子通　莊子解》，頁279。
39 唐君毅，《中國哲學原論・原教篇》，頁532。

> 周子太極圖，張子「清虛一大」之說，亦未嘗非環中
> 之旨。但君子之學，不鹵莽以師天，而近思人所自生，
> 純粹以精之理，立人道之極，則彼知之所不察，而憚
> 於力行者也。[40]

船山雖在「渾天」環中之旨肯定莊、儒有可會通之處，然對
於重視立人道的船山而言，「人的生命的終極意義便在妥善的
將得之於天均者在『反於天均』。」[41] 而莊子義理終極理想
是隨成以待物，「與天下而休乎天均。」[42]是以注重儒家實學
的船山，批評莊子義理於君子之學無法不能有所開展，僅言
儒家義理有同於莊子義理之處。

　　綜上所述，船山認為莊子義理乃得之於「渾天」，而其義
理終極理想是「與天下而休乎天均」[43]亦即是自我之生命達
致逍遙無礙之境地。一方面船山即據此判定莊子義理與老子
義理之不同，而「自立一宗」[44]。另一方面，船山藉「渾天」
申明儒、莊義理在根本處有所融通。「它的歸趨和《周易》『精
氣為物，遊魂為變』，《論語》的『知生』之旨相吻合。這是
船山認為莊子之學最具有價值的部份，也是船山認定莊子為

40　王夫之，《老子衍　莊子通　莊子解》，頁 304。
41　謝明陽，《明遺民的莊子定位問題》，頁 265。
42　王夫之，《老子衍　莊子通　莊子解》，頁 358。
43　王夫之，《老子衍　莊子通　莊子解》，頁 358。
44　王夫之，《老子衍　莊子通　莊子解》，頁 358。

儒家流裔的重要思想理據。」[45]然就君子之學而言，莊子義
理仍有不足之處，是以船山要通過「因而通之」[46]的詮釋方
式，將莊子義理加以重構與援引入儒家君子之學。

第四節　王船山詮釋視域下對於莊子
義理的援引與重構

　　船山以「渾天」將莊子義理與老子義理區別開，並申論
莊子義理與儒家義理有可會通之處。然船山除了認為在義理
旨趣上儒莊有可會通之處外，其進一步考察莊子義理的源頭
與流變：

> 若其首引先聖六經之教，以為大備之統宗，則尤不昧
> 本原，使人莫得而擿焉。乃自墨至老，褒貶各殊，而
> 以己說綴於其後，則亦表其獨見獨聞之真，為群言之
> 歸墟。……一者所謂天均也。原於一，則不可分而裂
> 之。乃一以為原，而其流不能不異，故治方術者，各
> 以其悅者為是，而必裂矣。然要歸其所自來，則無損

45　林文彬，〈王船山援莊入儒論〉，《興大人文學報》34（2004：6）：
　　237。然而所謂之「知生」，要到船山的讀論語大全說中，尋找其中
　　的義理，又可以莊子的達生篇中的達生之情是人活著要能通於天道的
　　道德之理，而不是浪生浪死。又要與船山正蒙注中的太和篇「貞生死
　　以盡人道」之詮釋有關。
46　王夫之，《老子衍　莊子通　莊子解》，頁45。

> 益於其一也。一故備，能備者為群言之統宗，故下歸
> 之於內聖外王之道。[47]

船山認為先秦諸子百家學說皆是出自於六經之教「渾天」之分殊流異，「渾天」乃是先秦百家諸子學說之源頭。而儒家義理優於其他各家義理之處即在於儒家義理體悟「渾天」之大道，而非如其他各家義理只能各偏執於一端而無法窺見大道之全。職是此故，在船山之詮釋視域下，儒家聖道可為百家方術之統宗。而莊子對儒家「渾天」之大道深有契悟，因此不僅是先秦諸子百家學說之歸墟外，並且為「淩轢百家而冒其外者」[48]，特出於諸子百家之上之緣由。船山於此不僅確立了儒家義理在諸子百家中的至高地位，亦將莊子義理援引入儒門之中。

我們亦可在《莊子解》其他處中，散見船山以莊子「渾天」之視域詮釋儒家義理：如在「其數一二三四是也」句下，船山評曰：「仁義禮樂之散見者，皆天均之所運也。」[49]析言之，儒家義理中的仁、義、禮、樂皆為「渾天」化育而來。船山在詮釋〈天下〉時亦指出儒家的理想人格亦以「渾天」為「大備」之宗：

> 蓋君子所希者聖，聖之熟者神，神固合於天均。則即
> 顯即微，即體即用，……無不有天存焉。特以得跡而
> 忘真，則為小儒之陋；騖名而市利，則為風波之民，

---

47 王夫之，《老子衍　莊子通　莊子解》，頁 351-352。
48 王夫之，《老子衍　莊子通　莊子解》，頁 84。
49 王夫之，《老子衍　莊子通　莊子解》，頁 352。

而諸治方術者，競起而排之。故曰魯國之大，儒者一
人而已，亦非誣也。[50]

船山一方面指出儒家所肯定的君子之道，是能依據聖道的仁
與公，將自我之生命合於仁、義、禮、樂之「渾天」。職是此
故，船山「對文化的全般肯定，唯人忘其全而執其一偏乃生
妄而已。若不能得全均之大用，則即使名為『儒』亦在所駁
之列；若能悟天均，即如莊生道家，亦足與儒學相會通。」[51]
另一方面，船山指出莊子並非有意詆聖人，而是如佛家義理
中「呵佛罵祖」[52]一樣。船山真正批評的是無法體悟「渾天」
之義的鄙陋小儒。

　　復次，船山為了將莊子援引入儒門之中，在詮釋〈外
物〉中「月固不勝火」時，義正言辭的說：「月固不勝火，
義止於此。而釋莊者，每立謬解，……此後世之通病，於
此辨之。」[53]職是此故，重視實學的船山，即將莊子義理從
「道教」與「丹道」抽離，以莊歸莊而論：

此篇之指歸，則齗養精神為幹越之劍，蓋亦養生家之
所謂「煉己鑄劍」、「龍吞虎吸」鄙陋之教，……以之
亂生死之常，而釋氏且訶之為守屍鬼；雖欲自別於導

---

50 王夫之，《老子衍　莊子通　莊子解》，頁353。
51 徐聖心，《青天無處不同霞：明末清初三教會通管窺》（臺北：國立
　　臺灣大學出版中心，2016），頁146。
52 「其誹毀堯舜，抑揚仲尼者，亦後世浮屠呵佛罵祖之意。」王夫之，
　　《老子衍　莊子通　莊子解》，頁354。
53 王夫之，《老子衍　莊子通　莊子解》，頁313。

> 引，而其末流亦且流為鑪火彼家之妖妄，固莊子所深
> 鄙而不屑為者也。[54]

必須說明的是，船山並未完全否定丹道。在船山看來，「仙術不一，其最近理者，為煉性保命，王喬之術出於此。」「要在求神意精氣之微，而非服食燒煉禱祀及素女淫穢之邪說。」[55]析言之，如何在不迷信越矩之下，體現儒家義理「珍生」[56]之旨，此方為船山所重視。是以在船山看來，若人只是追求延年益壽而無法開展內聖外王之道，此僅是亂生死之常，與莊子義理之學已無關聯。

　　而在人一生所需面對的終極問題——生死上，船山亦將莊子義理援引入儒，以補足儒家義理對於生死問題上的不足之處。船山首先批判道、佛兩家義理的生死觀：

> 世之為禪玄之教者，皆言生死矣。玄家專於言生，以
> 妄覬久其生；而既死以後，則委之朽木敗草、遊燐野
> 土而不恤。釋氏專於言死，妄計其死之得果；而方生
> 之日，疾趨死趣，早已枯槁不靈，而虛負其生。[57]

---

54 王夫之，《老子衍　莊子通　莊子解》，頁 206。
55 清・王夫之，《楚辭通釋》，《船山全書》第十四冊（長沙：嶽麓書社，2011），頁 352、348。
56 「聖人者人之徒，人者生之徒。既已有是人矣，則不得不珍其生。」王夫之，《周易外傳》，頁 43。
57 王夫之，《老子衍　莊子通　莊子解》，頁 228。

船山認為道教是「徇生執有者，物而不化」[58]。析言之即過於追求養生保全之道，人若死亡即無任何價值可言；佛家是「語寂滅者，往而不返」[59]。析言之僅談論死亡後擺脫輪迴以證果，是「自私以利其果報，固為非道。」[60]忽略人在生活世界中開展生命的價值。然我們可以發現，船山不僅對道、佛兩家義理的生死觀有所批判，其對於儒家義理中的生死觀，亦有所批評：

> 先儒謂死則散而之無，人無能與於性命之終始，則孳孳於善，亦浮漚之起滅耳，又何道之足貴，而情欲之不可恣乎！[61]

「先儒」之意是針對程朱理學發難。[62]船山認為程朱僅重視人於日用倫常的言行，然人若一死則散盡無餘，與萬物相比人的生命相對短暫，如此人之一生為什麼要戮力盡性立命遵循君子之道？職是此故，為了補足先儒之說不足之處，船山將〈達生〉援引入儒而論：

---

58 王夫之，《張子正蒙注》，頁 6。
59 王夫之，《張子正蒙注》，頁 6。
60 王夫之，《老子衍　莊子通　莊子解》，頁 237。
61 王夫之，《老子衍　莊子通　莊子解》，頁 237。
62 伊川指出：「凡物之散，其氣遂盡，無復歸本原之理。天地間如洪爐，雖生物銷鑠亦盡。況既散之氣，豈有復在？」北宋・程顥、程頤，《二程集》（臺北：漢京文化事業有限公司，1983），頁 163。朱子贊同伊川之說，認為「一去便休耳，豈有散而復聚之氣……大凡人生至死其氣只管出，出盡便死。」南宋・黎靖德編，《朱子語類》一（北京：中華書局，2016），頁 8。

唯此言「能移」，而且言「能移以相天」，則庶乎合幽明於一理，通生死於一貫；而所謂道者，果生之情，命之理，不可失而勿守。[63]

船山以兩端一致詮釋其對於生死之見解，不論生死幽明，人的生死皆只是一氣的聚散，只是以隱顯不同之形式而俱存，「生之所以然在於道德之創造、德性之日新日成，至死後雖氣散而不見，然善氣猶存，故生死、聚散皆為吾體，都有德性存焉。」[64]換言之，不論人的形體如何轉換，生死往來均為天地造化必有之過程，是故對於船山而言，死亡只是形體的分解消散，其氣並未隨之消滅，而是在「渾天」氣化循環之中。人通過活著時對於生活世界的參贊化育，建立生命的意義，同時亦成就人文化成的理想。待人死亡氣散後，復歸於「渾天」之氣，「仍可以聽大造之合而更為始」[65]，亦即存續人生命活動中種種身心活動，形成另一個生命體。船山於此重構莊子義理對於生死二元對立之看法，「對於船山來說，『無生』無法解釋『相天』所追問的為什麼生比死更具價值的問題，因為其中具有否定生命的傾向，而『更生』則可以從形上層面作出解釋，因為根本地肯定了生命。」[66]船

---

63 王夫之，《老子衍　莊子通　莊子解》，頁 228。

64 蔡家和，〈王船山《莊子解‧達生》之儒道會通〉，《商丘師範學院學報》1（2021.1）：5。

65 王夫之，《老子衍　莊子通　莊子解》，頁 229。

66 林明照，〈王船山莊學中「相天」說的倫理意義〉，《國立臺灣大學哲學論評》49（2015：3）：87。

山以剛健不息之氣論述生死，肯定生命存在的價值以及人在世時氣化日新且人自覺地「立命而相天」[67]以主動參贊天地之必要性，亦肯定人之死亡並非寂滅，而是氣散待下一次的復聚。

　　綜上所述，船山在詮釋《莊子》時，重構莊子義理的源頭，並將莊子與道教區別而論，其目的皆是為了將莊子援引入儒門。而船山援引莊子之目的，一方面是為批評道、佛義理貴身以求益生，或賤身以求死趨的生死觀，另一方面則是為補足程朱理學對於生死議題不足之處。船山以莊子的「能移相天」重構以「氣」為主的生活世界，而能「上下與天地同流，直通于古往今來之大生命而為一。」[68]船山通過對於《莊子》之詮釋，汰濾莊子義理中消極避世之面向，並重構儒家生死觀中生生不息之義，正面肯定人在性日生日程的動態過程中，立命相天，體現自我生命的意義與價值。

第五節　結　論

　　綜上所述，本文以船山哲學視域下《莊子》的經典詮釋為論述之中心，並經由以上之辯證詮釋、比較分析，大體可以對船山詮釋視域下《莊子》的義理，能有一個較完整之理解與疏解。

---

67 王夫之，《老子衍　莊子通　莊子解》，頁 229。
68 牟宗三，《生命的學問》（臺北：三民書局，2015），頁 200。

　　船山為了「引漆園之旨於正」[69]進而詮釋《莊子》,「莊、儒的結盟與其說是莊子需要儒家,不如說是儒家需要莊子,更不如說是兩者相互需要。」[70]在船山的心目中,莊子義理相較於佛、老義理更契合於儒門,且船山視莊子為孔子所言的狂狷之人,雖狂而不忘其初。[71]然我們在討論船山費心以圓融而化的「渾天」視域會通莊子義理之時,亦不免檢視其作為重視實學的儒者,因明清之際政治、社會等時代因素而嚴斥陸王心學,在義理的實踐上是否有不足之處?且莊子之原文義理是否真如船山所詮釋之樣貌?其間異同當另文探討。

　　最後,茲引船山的一闋詞作為本文之結尾:

靈台無終塞,形開各有營。仰視歸雲飛,俯瞰遊鯈驚。
玩物各天遊,息心或外攖。瓜圃近簷際,胡為不可耕。
[72]

此闋詞創作於 1686 年,時已 68 歲的船山於詞中運用「靈台」、「遊鯈」、「天遊」等多個出自《莊子》之詞彙,並流露出超脫曠然、怡然自得之心境。莊子義理給予儒者船山的不僅是學術史上的思辨,更是契入其生命中的慰藉。

69　王敔,《大行府君行述》,頁 74。
70　楊儒賓,《儒門內的莊子》(臺北:聯經出版事業公司,2016),頁 447。
71　「孔子許狂者以不忘其初,其在斯乎!」王夫之,《老子衍　莊子通　莊子解》,頁 230。
72　清・王夫之,《王船山詩文集》下冊(北京:中華書局,2012),頁 322。

第九章 總 結

修正批評，自成一宗

　　論述至此，本書已就船山對於《周易》、《四書》、《老子》、《莊子》義理之旨趣，進而勾勒出船山義理視域下經典詮釋的基本架構。船山既以宏揚聖學為己任，其首要工作，乃是就聖學內容作一確解，故出入於宋明諸子之間，以《周易》為宗，而歸本於身心性命之學。是故船山首要之問題，乃是回應本源之問題，以及回應道德價值如何實現之問題。我們可以說「其對於經典詮釋之方式，不以程朱的理學詮釋方式，而改以張載的重氣方式詮釋。」[1]然船山義理視域的經典詮釋思維除了重「氣」之外，另一個旨趣在於其「兩端而一致」的辯證思維。船山在詮釋經典時常以對比辯證之形式，進一步說此必含彼，彼必含此，再展開彼此所含辯證性，而後完成一辯證的綜合。呈現一種看似對立卻又能相互融攝，互為體用。船山兩端而一致的辯證思維「皆多有發揮，並貫穿在極其繁夥之著作中，隨處運用、互相呼應。衡量船山其他著作……，雖各採不同詮釋手法……，但都各具特色。此因為

---

[1] 蔡家和，《王船山《讀孟子大全說》研究》（臺北：臺灣學生書局，2013），頁 387。

每一部經典已有的研究成績並非齊頭並進，而是各有參差。相應地，船山即是根據此個別差異，而予以適當的詮解。吾人若異中求同，皆可從船山諸著作中抉發出『兩端一致論』的思維模式。」[2]職是此故，船山義理視域以重氣與兩端一致為詮釋視域在中國哲學詮釋傳統脈絡中，其意義可從兩個面向來理解：第一，對於朱熹的經典詮釋進行修正，並批評陸王心學與道家老莊；第二，促使先秦孔孟儒學以及道家老莊的經典詮釋能有所轉向，別出新意。

大體而言，船山對於《周易》的經典詮釋進路，首重「乾坤並建」，並以「氣」作為建構其形上之本體。[3]船山對於《四書》的經典詮釋進路，則是對《四書大全》進行批判。《四書大全》乃明代科舉考試指定本，而《讀四書大全說》乃為船山對於經典之義理加以思辨與批判之結晶。其批判之處在於對《四書大全》注疏引用朱熹部份，認為是《四書大全》曲解朱熹本意；另一方面，船山在某些觀點上，亦駁斥程朱學派的觀點（如情、才觀），認為程朱理學有某些觀點是受到佛老義理的影響。[4]是以其必須重新詮釋經典，將程朱理學受佛

---

2 陳章錫，〈從王船山「兩端一致論」考察《小戴禮記》教育觀〉，《揭諦》5（2003：6）：126。

3 誠然此處並非是說船山只將本體理解為「只是氣」。誠如曾昭旭先生所言：「決不可誤解之為『只是氣』，而當正解之為『亦是氣』，『只是氣』便是唯物論（『唯』即是『只』義），『亦是氣』則即氣以顯體。」曾昭旭，《王船山哲學》（臺北：里仁書局，2008），頁 329。

4 「《或問》於此處雜《參同契》中語。彼唯以配合為道，故其下流緣託『好逑』之義，附會其彼家之邪說。朱子於此處辨之不早，履霜堅冰，其弗懼哉！」清・王夫之，《讀四書大全說》（北京：中華書局，2011），頁 106。船山批評朱熹於此雜揉道教義理詮釋儒家經典，雖詮

老義理影響之部份進行汰濾，方可實踐儒家義理的內聖與外王之功，進而上達為君子與聖人，盡人道而合天道，最終復歸於先秦儒家精神之原貌。船山對於《老子》與《莊子》的經典詮釋進路，對於《老子》義理批判的多，仍亦肯定其在亂世之時其義理有安定人心之作用；對於《莊子》義理雖亦有批判，但肯定之處亦隨處可見，特別是《莊子》義理中生死觀。我們可以說「船山在詮釋各家經典時，並非是憑空臆斷，而是其以儒家義理之『人性常道』作為其理解、詮釋、批判、重建經典之依據。船山試圖透過儒家義理之長處，……，使得人性之常道能得以獲得開顯。」[5]船山在批判與修正經典的過程中，自成一宗，承繼與批判和創新了宋明理學問題發展並建構專屬於自身的完整哲學體系之大家。[6]

　　然而，我們在最後仍有一個問題尚待解決：就「經典詮釋」而言，船山是一個好的經典詮釋者嗎？誠如前文所示，船山在進行批判或修正的經典詮釋活動時，其詮釋未必符合

釋本身無有明顯錯誤，但船山認為以道教義理詮釋儒家經典便會使儒家經典失去原有的純粹意義。

5　李瑋皓，〈同歸而殊塗——王船山義理學對於佛道之詞斥與會通〉，《輔仁宗教研究》33（2016：11）：94。

6　「所謂總結，大致包括三方面的含意：一方面，他糾正了以往哲學思想的錯誤或漏洞，即見其暇，做出了比較合乎實踐的詮釋。他在當時歷史條件、社會環境中對哲學形上學以及認知等問題在理論思維上做了合理的解決，……另一方面，根據當時在理論思維水平和社會、自然知識方面所能達到的高度，總結以往理論思維的經驗和教訓，又把人類的認識提高到一個新的階段，在認識史上做出了貢獻。……再一方面，他在總結中國哲學，特別是宋明理學的理論思維的基礎上，而成為中國古代哲學思想之集大成者。」張立文，《宋明理學研究》（增訂版）（北京：中國人民大學出版社，2016），頁536-537

經典之原意——換言之，船山有時並非是「解釋」經典之義理，而是「重構」經典之義理。張鼎國先生曾將「哲學詮釋」分為五種面向：「第一種面向是『照原意理解』和『照原樣理解』，亦即以客觀主義方法建構的詮釋方針與理解原則，復歸到原作者、原或者時代以及原作者時代當時的讀者如何理解為主；第二種面向是『較好地理解』，亦即在什麼意義下我們可以說現在的一度新的理解，是比舊有的、原先的理解更區完善，更清楚而明白，其標準何在；第三種面向是『不同地理解』，亦即始終有不可取代的文本自身在講話，同時也還有不斷繼起的詮釋者發言權，不能被否定或遭壓制。詮釋理解之際，每一個人都不可避免會夾帶進種種前判斷，但是前判斷終將受到繼起的判斷之修正或排除。於是所有詮釋的攻錯，就是在這樣必須不斷興起重新理解的努力，但又不能和原作精神背道而馳的要求下，一種回顧舊有文化遺產而繼續向前探索可能的嘗試；第四種面向是『完全理解』，亦即我們不能亦不該在一切都瞭解的情況下，僅只置身事外，無關痛癢，不涉利害，既欠缺知識上的詳盡考察與堅實論據，又迴避掉道德良知的審度評價。其結果會落進對去歷史知識的無止境的檢討修正中，不能真正面對未來而思有所作為。第五種面向是『不再理解』，亦即一種盲進而忘本的偏差表現，無法達到真正理解。」[7]

　　另外，劉笑敢先生則認為「以經典詮釋方式進行哲學體

---

7 張鼎國，〈「較好地」還是「不同地」理解？——從詮釋學論爭看經典注疏中的詮釋定位與取向問題〉，載於汪文聖，洪世謙編，《詮釋與實踐》（臺北：政大出版社，2011），頁 134-135。

系之建構或重構，即是中國哲學詮釋傳統的典型形式，其區
分出三種概念，即非哲學性之注解、哲學性之詮釋著作及詮
釋性之哲學著作，並說明哲學性之詮釋是以經典詮釋為主，
而詮釋性之哲學則是以建立新的哲學體系為主。」[8]

　　我們可以就綜合上述兩位先生的見解來檢視一下船山是
否是一個好的經典詮釋者。當我們窺探船山義理視域時，可
發現其在進行經典理解與詮釋時可說是「通過一種『因而通
之』的創造詮釋，使得諸經典皆得上遂於道，並又由此道而
下返於經典作一批判與裁成，因之，『人』、『經典』及『道』
三者構成一『詮釋的循環』。」[9]析言之，就船山義理視域的
經典詮釋而言，從「經典」之端出發，經典之必要，在於其
記錄了永恆的意義以供後世之讀者藉以教化自身。人可通過
學習「經典」而能使自我之生命上達；從「人」之端出發，
經典之彰顯尚待人的詮釋活動方可呈現其意義，「人」與「經
典」兩端歸於一致，「道」即在當下呈現。

　　自詡為一名儒者的船山所關懷的不僅只停留在經典文義
字句上的客觀考辨；而是人文化成落實於生活世界中的具體
實踐。這樣的實踐過程問著每一個人該如何於此生活世界中
安身立命，最後在這不間斷地追問過程中，挺立自我於此生
活世界中的姿態。職是此故，我們可以說「經典之詮釋之要
角是人，人必得經有『文獻的佐證、歷史的考證』，對於文本

---

8 劉笑敢，〈經典詮釋與體系建構：中國哲學詮釋傳統的成熟與特點芻
　議〉，載於李明輝編，《儒家經典詮釋方法》(臺北：國立臺灣大學出
　版中心，2004)，頁 33-36。
9 林安梧，〈王船山「經典詮釋學」衍申的一些思考——兼論「本體」
　與「方法」的辯證（上）〉，《鵝湖》11（2012：5）：24。

相關者有一脈絡之深入，進一步，因之而有『心性的體證，理論的辯證』。」[10]是以船山在詮釋各家經典時，不忘對傳統進行批判與反思，誠如船山自言：「當誠於立言，不為曲學阿世而已。」[11]船山經由詮釋經典出發，試圖回應其面臨明清鼎革之際的時代問題。船山以其生命歷程堅定其身為儒者的理想，並通過「詮釋」與「實踐」使兩端得以一致，體現了「六經責我開生面，七尺從天乞活埋。」[12]之儒者精神，最終通過書寫與詮釋作為其儒者生命意義之實踐。而身為讀者的我們，亦能透過船山義理視域對於的經典之詮釋，開啟一條對於當代人閱讀經典之反思道路的基石。

---

10 林安梧，〈王船山「經典詮釋學」衍申的一些思考——兼論「本體」與「方法」的辯證（下）〉，《鵝湖》12（2012：6）：20。
11 王夫之，《讀四書大全說》，頁 218。
12 清・王夫之，《船山詩文拾遺》，載於《船山全書》第十五冊（長沙：嶽麓書社，2011），頁 921。

主要徵引書目與參考文獻

一、古籍文獻（按出版先後排序）

(一)主要古籍文獻

清‧王夫之，《周易內傳》，北京：九州出版社，2010 年。

清‧王夫之，《周易外傳》，北京：九州出版社，2010 年。

清‧王夫之，《船山全書》第四冊，長沙：嶽麓書社，2011 年。

清‧王夫之，《船山全書》第七冊，長沙：嶽麓書社，2011 年。

清‧王夫之，《船山全書》第八冊，長沙：嶽麓書社，2011 年。

清‧王夫之，《船山全書》第十二冊，長沙：嶽麓書社，2011 年。

清‧王夫之，《船山全書》第十四冊，長沙：嶽麓書社，2011 年。

清‧王夫之，《船山全書》第十五冊，長沙：嶽麓書社，2011 年。

清‧王夫之，《船山全書》第十六冊，長沙：嶽麓書社，2011 年。

清‧王夫之，《讀四書大全說》，北京：中華書局，2011 年。

清‧王夫之，《尚書引義》，北京：中華書局，2011 年。

清‧王夫之，《張子正蒙注》，北京：中華書局，2011 年。

清‧王夫之，《王船山詩文集》，北京：中華書局，2012 年。

清‧王夫之，《讀通鑑論》，北京：中華書局，2013 年。

清‧王夫之，《老子衍　莊子通　莊子解》，北京：中華書局，2014 年。

清‧王夫之，《宋論》，北京：中華書局，2015 年。

明‧黃宗羲，清‧王夫之，《黃梨州王船山書》，臺北：世界書局，2015 年。

(二)、其他古籍文獻（按年代先後排序）

北宋‧程顥、程頤，《二程集》，臺北：漢京文化事業有限公司，1983 年。

南宋‧朱熹，《四書章句集注》，臺北：鵝湖月刊社，2014 年。

南宋‧朱熹，《周易本義》，臺北：大安出版社，2014 年。

南宋‧黎靖德編，《朱子語類》，北京：中華書局，2016 年。

明‧黃宗羲，《明儒學案》，臺北：世界書局，2014 年。

明‧顧炎武，清‧黃汝成，《日知錄集釋》，臺北：國泰文化事業公司，1980 年。

清‧劉蕺山，《劉宗周全集》，杭州：浙江古籍出版社，2007 年。

清‧王先謙，《荀子集解》，北京：中華書局，2012 年。

二、近人論著

(一)專著（按作者姓名筆劃排序）

牟宗三，《心體與性體》，臺北：正中書局，2012 年。

牟宗三，《生命的學問》，臺北：三民書局，2015 年。

朱伯崑，《易學哲學史》，北京：華夏出版社，1995 年。

李瑋皓，《儒家義理輔導學之建構——以王陽明與王船山義理中的意義治療為核心開展》，臺北：文史哲出版社，2020年。

季蒙，《主思的理學——王夫之的四書學思想》，廣東：廣東高等教育出版社，2005 年。

林維杰，《朱熹與經典詮釋》，臺北：國立台灣大學出版中心，2016 年。

林安梧，《王船山人性史哲學之研究》，臺北：東大圖書股份有限公司，1987 年。

林安梧，《中國人文詮釋學》，臺北：臺灣學生書局，2009 年。

林啟屏，《儒家思想中的具體性思維》，臺北：臺灣學生書局，2004 年。

周予同，《周予同經學史論著選》，上海：上海人民出版社，1996 年。

馬一浮，《泰和宜山會語合刻》，臺北，廣文書局，2017 年。

徐世昌，《清儒學案》，北京：中華書局，2008 年。

徐聖心，《青天無處不同霞：明末清初三教會通管窺》，臺北：國立台灣大學出版中心，2016 年。

唐君毅，《人生之體驗續編》，臺北：臺灣學生書局，1996 年。

唐君毅，《中國哲學原論‧導論篇》，臺北：臺灣學生書局，2004 年。

唐君毅，《中國哲學原論‧原性篇》，臺北：臺灣學生書局，2004 年。

唐君毅，《中國哲學原論・原教篇》，臺北：臺灣學生書局，
　　2004 年。

唐君毅，《生命存在與心靈境界》，臺北：臺灣學生書局，
2006 年。

胡發貴，《王夫之與中國文化》，貴陽：貴州人民出版社，
2001 年。

曾昭旭，《道德與道德實踐》，臺北：漢光文化，1989 年。

曾昭旭，《良心教與人文教：論儒學的宗教面相》，臺北：臺
　　灣商務印書館股份有限公司，2003 年。

曾昭旭，《存在感與歷史感──論儒學的實踐面向》，臺北：
　　臺灣商務印書館股份有限公司，2003 年。

曾昭旭，《在說與不說之間──中國義理學之思維與實踐》，
　　臺北：漢光文化，1992 年。

曾昭旭，《王船山哲學》，臺北：里仁書局，2008 年。

曾春海，《中國哲學史綱》，臺北：五南圖書出版股份有限公
　　司，2012 年。

勞思光，《新編中國哲學史》三上，臺北：三民書局，2019 年。

馮達文，郭齊勇等，《新編中國哲學史（下）》（臺北：洪葉文
　　化事業有限公司，2013 年。

張立文，《正學與開新──王船山哲學思想》　北京：人民出
　　版社，2001 年。

張立文，《宋明理學研究》（增訂版），北京：中國人民大學出
　　版社，2016 年。

張麗珠，《清代的義理學轉型》，臺北：里仁書局，2006 年。

董金裕，《周濂溪集今註今譯》，臺北：臺灣商務印書館股份有限公司，2011 年。

陳來，《詮釋與重建：王船山的哲學精神》，北京：生活・讀書・新知三聯書店，2014 年。

陳贇，《回歸真實的存在──王船山哲學的闡釋》，桂林：廣西師範大學出版社，2015 年。

陳祺助，《王船山「道德的形上學理論」之開展》，高雄：麗文文化事業股份有限公司，2012 年。

傅偉勳，《學問的生命與生命的學問》，臺北：正中書局，1993 年。

傅偉勳，《從創造的詮釋學到大乘佛學》，臺北：東大圖書股份有限公司，1999 年。

葉國良，夏長樸，李隆獻，《經學通論》，臺北：大安出版社，2009 年。

楊儒賓，《儒門內的莊子》，臺北：聯經出版事業公司，2016 年。

熊十力，《新唯識論》，臺北：里仁書局，1993 年。

熊十力，《原儒》，臺北：明文書局，1988 年。

熊十力，《十力語要》，臺北：明文書局，1989 年。

熊鐵基、馬良懷、劉韶軍，《中國老學史》，福州：福建人民出版社，1995 年。

鄭宗義，《明清儒學轉型探析：從劉蕺山到戴東原》，香港：香港中文大學，2000 年。

潘朝陽，《家園深情與空間離散：儒家的身心體證》，臺北：國立臺灣師範大學中心，2013 年。

劉春建，《王夫之學行系年》，鄭州：中州古籍出版社，1989 年。

劉梁劍，《王船山哲學研究》，上海：上海人民出版社，2016 年。

劉滄龍，《氣的跨文化思考——王船山氣學與尼采哲學的對話》，臺北：五南圖書出版股份有限公司，2016 年。

蔡家和，《王船山《讀孟子大全說》研究》，臺北：臺灣學生書局，2013 年。

錢穆，《中國思想史》，臺北：臺灣學生書局，1983 年。

錢穆，《中國近三百年學術史》，臺北，臺灣商務印書館股份有限公司，1995 年。

謝明陽，《明遺民的莊子定位問題》，臺北：國立臺灣大學出版中心，2001 年。

羅光，《王船山形上學思想》，臺北：輔仁大學出版社，1993 年。

戴景賢，《王船山學術思想總綱與道器論之發展》，香港：香港中文大學出版社，2013。

(二)論文集（按出版年月排序）

劉笑敢，〈經典詮釋與體系建構：中國哲學詮釋傳統的成熟與特點芻議〉，李明輝編，《儒家經典詮釋方法》，臺北：國立臺灣大學出版中心，2004 年。

景海峰，〈儒家詮釋學的三個時代〉，李明輝編，《儒家經典詮釋方法》，臺北：國立臺灣大學出版中心，2004 年。

陳明，〈「修己」與「治人」——王船山對《大學》義理的重構與發展〉，《儒家典籍與思想研究（第二輯）》，北京：北京大學《儒藏》編纂與研究中心，2010 年。

張鼎國,〈「較好地」還是「不同地」理解？－從詮釋學論爭
　　看經典注疏中的詮釋定位與取向問題〉,汪文聖,洪世謙
　　編,《詮釋與實踐》,臺北：政大出版社,2011 年。

(三)期刊論文（按出版年月排序）

張學智,〈王夫之的格物知性與由性生知〉,《北京大學學報
　　（哲學社會科學版）》3（2003：5）：48-54。
陳章錫,《從王船山「兩端一致論」考察《小戴禮記》教育觀》,
　　《揭諦》5（2003：6）：123-153。
張學智,〈王夫之衍《老》的旨趣及主要方面〉,北京大學學
　　報（哲學社會科學版）3（2004：5）：70-78。
林文彬,〈王船山援莊入儒論〉,《興大人文學報》34（2004：
　　6）：223-246。
林文彬,〈王船山《老子衍》義理淺析〉,《興大中文學報》18
　　（2006：1）：53-71。
汪惠娟,〈王船山「道器為一」形上思想之管見〉,《哲學與文
　　化》8（2007：8）：69-84。
楊自平,〈王船山《周易內傳》解經作法析論〉,《鵝湖學誌》
　　3（2007.12）：111-166。
孫華璟,〈論王夫之《老子衍》中的經典詮釋〉,《國文學報》
　　42（2007：12）：87-119。
塗耀威,〈反思與重建──學術史視野下的王船山《大學》研
　　究〉,《船山學刊》1（2009：1）：13-16。
解頡理、曾振宇,〈王船山《中庸》詮釋特點析論〉,《煙臺大
　　學學報(哲學社會科學版)》2（2010：4）：11-16。

李長泰，〈王船山的君子至德取向與問學工夫芻議——以船山對《中庸》第二十七章的詮釋為中心〉，《船山學刊》3（2010：7）：5-8。

陳明，〈「修天德」以「成王道」——王船山對《中庸》義理的疏解與闡發〉，《中國哲學史》4（2011：11）：81-90。

蔡家和，〈王船山論《大學》的格物致知——以《讀四書大全說》為中心〉，《中央大學人文學報》47（2011：7）：47-74。

林安梧，〈王船山「經典詮釋學」衍申的一些思考——兼論「本體」與「方法」的辯證（上）〉，《鵝湖》11（2012：5）：22-28。

林安梧，〈王船山「經典詮釋學」衍申的一些思考——兼論「本體」與「方法」的辯證（下）〉，《鵝湖》12（2012：6）：17-22。

施盈佑，〈王船山「時中」的重取客觀面向——試論「時中」與「中庸」、「中和」之差異〉《東海中文學報》25（2013：6）：113-138。

鄧聯合，〈莊生非知道者——王船山莊學思想的另一面相〉，《文史哲》4（2014：7）：65-73+166。

林明照，〈王船山莊學中「相天」說的倫理意義〉，《國立臺灣大學哲學論評》49（2015：3）：77-106。

孫欽香，〈船山論「情」〉《東南大學學報(哲學社會科學版)》5（2016：9）：33-39+146。

李瑋皓，〈同歸而殊塗——王船山義理學對於佛道之詞斥與會通〉，《輔仁宗教研究》33（2016：11）：71-97。

匡代軍,〈「窮本知變,樂之情也」——船山《禮記章句‧樂記》藝術思想探賾〉《中國文學研究》1(2017:1):77-81。

林玉均,〈王船山對《論語》的新解釋——以其與朱子對《論語》解釋的比較為中心〉《船山學刊》4(2017:7):17-23。

鄧聯合,〈論王船山《老子衍》的詮釋進路〉《哲學研究》8(2017:8):52-60。

李智福,〈王船山對莊子之學脈考察與思想接受〉,《孔子研究》1(2018:1):117-125。

楊甯寧,〈「理語」的重塑——船山「化理入情」詩理觀的內生成語境及分類形跡〉《文藝理論研究》1(2018:1):108-115。

蔡家和,〈王船山於《論語》「禮之用」章對體用論詮釋的反省〉《武漢科技大學學報(社會科學版)》,6(2018:12):682-692。

孫欽香,〈王船山對儒家政治哲學的反思與重建——以「理一分殊」重釋《大學》「明德與新民」關係〉,《江蘇社會科學》5(2019:9):185-92。

鈕則圳,〈人文化成的家國情懷——王船山《俟解》中的「人禽之辨」〉,《文化中國》2(2019:12):76-84。

陳振崑,〈明清之際王船山的「理欲合一」論〉,《哲學與文化》1(2020:1):43-62。

蔡家和,〈王船山《莊子解‧達生》之儒道會通〉,《商丘師範學院學報》1(2021:1):1-8。